高效沟通

别输在不会表达上

柳白———著

古吴轩出版社
中国·苏州

图书在版编目（CIP）数据

高效沟通：别输在不会表达上 / 柳白著. -- 苏州：古吴轩出版社，2020.5
ISBN 978-7-5546-1516-4

Ⅰ．①高… Ⅱ．①柳… Ⅲ．①心理交往－语言艺术－通俗读物 Ⅳ．① C912.13-49

中国版本图书馆 CIP 数据核字（2020）第 052123 号

责任编辑：蒋丽华
见习编辑：闫毓燕
策　　划：王　猛
封面设计：阿　鬼

书　　名：	高效沟通：别输在不会表达上
著　　者：	柳　白
出版发行：	古吴轩出版社
地址：	苏州市十梓街458号　　邮编：215006
电话：	0512-65233679　　传真：0512-65220750
出 版 人：	尹剑峰
经　　销：	新华书店
印　　刷：	北京东君印刷有限公司
开　　本：	880×1230　1/32
印　　张：	7.25
版　　次：	2020年5月第1版　第1次印刷
书　　号：	ISBN 978-7-5546-1516-4
定　　价：	45.00元

如发现印装质量问题，影响阅读，请与印刷厂联系调换。010-68651755

前 言
preface

有人曾说：人生的困扰，十之八九都出在人际关系上；而人际关系的困扰，十之八九都是不善沟通造成的。

事实确实如此，你不会沟通，就无法更好地表达自己的想法，就无法说出让人愉悦和舒服的话，以至于得罪了人而不自知。那么，你不管走到哪里，都会玩不转、混不开，甚至会莫名其妙地吃哑巴亏。

而如果你善于沟通，懂得高超的沟通技巧就不一样了。你可以轻松获得成功而精彩的人生，不管走到哪里，都可以迅速地让别人接受你，建立良好的人际关系，并且与他人达成合作与共赢。

高超的沟通能力可以轻易地征服一个人、一群人，它已经成为影响一个人的人际关系与事业成败，乃至人生价值的关键性因素。

实际上，在很早之前，有美国"钢铁大王"之称的安德鲁·卡耐基就证明了这一点。当时，他用高达一百万美元的年薪聘请了查理·斯瓦伯作为公司的高级管理人员。在今天，这个数额并不是很高，但那可是20世纪20年代，这笔钱在当时是一个令人咋舌的天文数字。

可当别人询问卡耐基为什么会付出如此惊人的年薪时，他竟然只说了简单的一句话："因为查理懂得怎么说话！"

这足以证明会说话的神奇力量。所以，今天的我们如果想要绽放个人的光彩，并且在这个世界上找到立足之地，那么就必须学会与他人说话，不要让自己输在不会表达上。当然，卡耐基所说的"说话"并不是简单意义上的说话，而是高超的沟通技巧。

我们应该知道，沟通并不是单方面的独角戏，而是彼此之间言语和心灵上的深层次交流和互动。如果不能让对方产生共鸣，并且给予积极的回应，那么你一个人说得再精彩，再情绪激昂，也是没有任何意义的。所以，我们要懂得掌握对方的心理特征，并且调动语言的魅力，逐渐打动对方的内心，并且与对方达成共识。

同时，沟通是需要技巧和情商的，往往需要我们在恰当的时间、恰当的地点，说出恰当的话。善于沟通的人，一两句话就能赢得他人的欢心，一两句话就可以缓解剑拔弩张的气氛，一两句话就可以产生让人不可抗拒的力量……所以，我们要学习高效沟通的技巧，并且修炼自己的情商。

正是为了帮助更多的人学会高效沟通的艺术和技巧，本书从如何好好说话、如何拉近与他人的距离、如何学会倾听，以及在各种场合的说话技巧等方面进行阐述，希望能够帮助读者迅速地提升自己的沟通能力，让大家迎来更融洽的人际关系和更美好的人生！

目 录
contents

Part A 好好说话——沟通需要仪式感

第一章 掌握分寸——知道什么话该说,什么话不该说　003

这样说话,别人才愿意和你做朋友　004

有些玩笑,其实一点也不好笑　007

在失意人面前,不要说得意的话　010

插话、抢话,没人愿意与你多说话　012

安慰不好,好心也就成了驴肝肺　015

管好自己的嘴巴,背后说闲话早晚自食恶果　018

哪壶不开提哪壶,很难受人欢迎　021

第二章　且听人言——提升沟通能力，关键在于倾听　　025

倾听，高效沟通的前提　　026

沟通三要：少说，多听，常点头　　029

认真倾听，抓住重点才能带起节奏　　033

说得多，不如听得好　　036

你明白对方到底要说什么吗　　039

第三章　声情并茂——一颦一笑都令人不可抗拒　　043

精心遣词，让每句话都有声有色　　044

调整语调，用声音俘获对方　　047

说话快慢有艺术，把握好合适的语速　　050

态势语：此处无声胜有声　　053

微笑，是人际最美丽的语言　　056

说话时融入感情，让别人能够感同身受　　059

用你的谈吐和举止来吸引他人　　062

第四章　察言观色——注意表情细节，掌控制胜关键　065

沟通也讲究因人而异　066

不同的场合，有不同的说话方式　069

在最恰当的时候，说最恰当的话　072

掌握对方情绪，获得成功最佳路径　075

识别情绪表情，掌握对方的内心　078

沟通中，表情的变化也很重要　082

抓住对方的口头语，了解对方的性格特点　085

捕捉眼神，知晓他人的内心　089

第五章　妙赞——赞美恰到好处，谁听了心里都舒坦　093

赞美，人际沟通最好的润滑剂　094

掌握赞美的原则　097

用细节赞美对方，更能打动人心　100

通过第三方，表达你的仰慕之情　103

赞美要及时，时过境迁就没有效果了　106

与批评相比，赞美更有力量　109

第六章　妙趣横生——善用幽默，全世界都可以和你很契合　113

用幽默巧解尴尬困局　114

善用幽默，大事化小，小事化了　116

别怕自嘲，做一个幽默的人　119

高级的幽默，就是让所有人都觉得有趣　122

幽默，增进友情的助推器　126

面对紧急情况，幽默让你游刃有余　129

Part B 关键对话——在不同场合，说动不同的人

第七章 社交话语权——暖场不冷场，把话说到心坎里　135

说好开场白，让陌生人一见如故　136

说话要诚恳，但不能太直白　139

注重细节，让别人感受到你的用心　142

氛围好了，沟通就事半功倍了　145

叫出对方的名字，走进他的内心　148

找到共同点，就不会无话可说了　152

第八章 职场话语权——就算你再厉害，不说出来也白搭　155

三秒钟，让面试官对你印象深刻　156

能说会道，巧妙回答面试官提出的难题　159

张开嘴巴，把自己推销出去　162

与上司打交道，说话需谨慎　166

拒绝上司的话，应该这样说出口　170

同事之间，说话留三分　174

第九章　销售话语权——销售拼的其实是情商　177

投其所好,引发深入交谈的兴趣　178

循循善诱,让客户改变态度　181

热情最能打动客户的心　185

用真诚去赢得客户的好感　188

拒绝不可怕,想办法化解它　191

以朋友的身份进行交谈,赢得客户信任　194

针对不同客户,采取不同的说服策略　198

第十章　谈判话语权——绕过语言陷阱,赢得皆大欢喜　203

谈判,既要有原则,又要不失灵活　204

巧妙地提问,掌握谈判的主动权　208

谈判不是咄咄逼人的硬功夫　211

掌握谈判主动权,给对方形成心理震慑力　214

谈判中,这些话不可轻易说出口　217

Part A

好好说话
——沟通需要仪式感

第一章

掌握分寸

——知道什么话该说，什么话不该说

俗话说："一句话使人笑，一句话使人跳。"这"笑"和"跳"的关键就在于说话者能否恰如其分地表达自己的意思，能否管住自己的嘴巴。事实上，生活中总是有这样一群人：他们活在自己的世界中，不懂得说话的分寸和尺度，结果一开口就招人厌烦，让人暴跳。

这样说话，别人才愿意和你做朋友

很多人渴望交朋友，可是他们却活在自己的世界中，不知道怎么与人沟通。他们说话的时候，好不容易开了口，却说出让人厌烦或伤害对方的话，以至于别人不愿意和他们交流。

其实，在日常生活中，虽然每个人的说话方式都不一样，但是如果我们能够多站在他人的立场来思考，权衡话语的轻重，并且说出让人舒服的话，那么别人就愿意和我们做朋友了。

当然，这就需要我们多顾及他人的感受，不管是和亲人说话，还是和陌生人说话，在说话之前都应该考虑一下：自己的话会不会让对方感到不舒服，或是引起对方的反感？如果会，那么我们就权衡一下，换一种更容易让人接受的方式。

曾国藩是我国近代有名的大学士，他一生谨慎低调、讲仁守义，所以受到了后世敬仰。尤其是在说话做事方面，他更是世人效仿的典范。无论是与亲近的人交谈，还是与同僚、下属交谈，他都讲究说话的方式，尽量顾及别人的感受。

咸丰八年（1858），正是曾国藩和湘军如日中天的时候，曾国藩的九弟曾国荃因哥哥的权势，平日趾高气扬、不可一世。为了让弟弟收敛自己的行为，曾国藩给他写了一封家书，劝他要低调，谨言慎行。

但是，曾国藩在信中并没有直接批评弟弟的不良行为，更没有呵斥和指责他，而是通过古人的事例，向弟弟说明了多言、高傲的害处。他在信中说：从古至今，因为不良品德而招致祸端的有两种。一是倨傲，一是多言。尧帝的儿子丹朱因为狂傲与好争论而失德，所以尧帝不传位给他，而让位于舜。多少显赫的高官之所以丢掉了性命，也是因为倨傲和多言的毛病。同时，曾国藩还拿自己当反面例子，劝弟弟改变自身高傲固执的心态，不要凡事都争论。

最重要的是，曾国藩还善于把握弟弟的心理，他先是赞扬弟弟的优点，"荃弟处世恭谨，还算稳妥"，然后又提出了他的缺点，"喜谈笑讥讽……随意嘲讽事物……"。如此一来，曾国荃怎么能不听哥哥的话，改正自己趾高气扬、喜爱争辩的毛病呢？

我们都知道，说话的方式有很多种，但是有的话容易被人接受，有的话难以被人接受。因为前者是从对方的角度出发，而后者却没有顾及对方的感受。因此，在与人交谈时，我们要注意自己说话的方式，尽量低调谦虚、和声细语，千万不要趾高气扬、傲慢无礼。

低调温和的说话方式能够有效地拉近两个人之间的距离，让彼此之间的关系更近一步，并且能让对方感受到你的温柔、善良和谦虚。而趾高气扬的说话方式则让人感到厌烦，对方只会感受到你的不尊重和高傲。

同时，与人沟通的时候，不论是大人与大人之间，还是大人与小孩之间，想要达到高效这个目的，都必须让对方站在与你平等的立场上，让对方感受到你的尊重和平等对待。试想，如果曾国藩以哥哥的身份来直接教训弟弟，那么即便他说得再有道理，再引经据典，曾国荃也很难接受他的话。

总之，想要别人愿意与我们交流，我们就应该讲究说话的方式，更多地考虑别人的感受，并且以更容易让对方接受的方式来表达。只要我们肯这样说话，就会成为受人喜爱的人，别人就更愿意与我们交朋友了。

有些玩笑，其实一点也不好笑

有人说："人生就像是一桌丰盛的美食，而幽默就是这美食中的调味剂，让这食物更美味。"没错，在生活中，如果没有幽默，就不会有乐趣。适当地开个小玩笑，可以帮助人们活跃气氛，创造出轻松愉快的氛围。但是如果玩笑开得不好，不合时宜或是有失分寸，那么就会弄巧成拙，伤害彼此之间的感情，造成朋友之间的隔阂。

生活中就是有这样一种人：他们喜欢和别人开玩笑，却完全不顾及对方的感受，不是让对方尴尬就是惹对方生气，甚至会伤害到对方。实际上，这样的玩笑一点也不好笑，并且根本不能称为玩笑。

赵刚和李强，他们既是大学同学，又是老乡，而且性格相近，所以很快就成了很好的朋友。赵刚很爱开玩笑，时不时会和李强开些小玩笑。而李强也并不在意，只觉得赵刚比较活泼和幽默。所以赵刚的一些小玩笑并没有影响到两人的感情，还让两人之间的相处更轻松愉快。

可一次有失分寸的玩笑，却毁掉了他们的友谊。

一天，两人一起上街买东西。走在热闹的街道上，赵刚又想捉弄李强一下,便想出了一个主意。他对李强说:"你帮我拿一下手机,我系一下鞋带。"谁知,李强刚接过手机,赵刚就大声说:"你拿我手机干什么?快把手机还给我!"李强一脸疑惑地问:"你干什么?"赵刚抓住他的手,大声质问:"你偷了我的手机,还问我干什么?!快还我手机!"

这时候,很多人都围了上来,对着李强指指点点,说他是小偷,要把他送到派出所。李强着急地说:"你别开玩笑了!大家真拿我当小偷就糟糕了。"可赵刚还是装出一副认真的样子,让李强还手机。李强一气之下,把手机塞到他手里,就气呼呼地一个人回学校了。

这时候,赵刚还没有认识到自己的错误,回到学校后,他对李强说:"你怎么这么开不起玩笑?我们平时不也经常这样开玩笑吗?"

李强气愤地说:"你这是开玩笑吗?万一我真被人当成小偷抓起来,怎么办?再说,在那么多人面前,你说我是小偷,以后我还怎么做人?这不是诋毁我的名誉吗?"

之后,赵刚就发现李强越来越疏远自己,不再和自己来往了。直到此时,他才意识到,自己的玩笑确实过分了,可已经无法挽回与李强的友谊。

你想要表现自己的幽默,想要活跃气氛,这无可厚非。但是如果为了取悦自己而贬低别人,或是无所顾忌地拿别人来开涮,那么这种做法就不是开玩笑了。相反的,它只会更加暴露你的无知和可笑,让人鄙视你,从而导致周围的人都不愿意和你交往了。

所以,开玩笑时一定要注意分寸和时机,不要把嘲笑、讽刺当成玩笑，更不要以玩笑为借口，说出让人厌恶和痛恨的话来。

开玩笑应该是善意的，不能让对方感到难堪和尴尬。玩笑的内容也应该是高雅轻松、积极健康的，要避免触及别人的雷区。同时，开玩笑一定要看时机、看对象。当对方情绪不好的时候，我们就一定要管好自己的嘴巴，不要开对方的玩笑，否则就会让对方感到不舒服。

总之，玩笑是生活的调味品，是人与人顺畅沟通的润滑剂。但是，有些玩笑，其实一点也不好笑，其中就包括那些伤害到对方自尊的玩笑、揭对方伤疤的玩笑。因此，我们应该学会把握好开玩笑的分寸和尺度。

在失意人面前，不要说得意的话

如今，有不少人认为只要展现出自己的优势，就能够赢得青睐甚至是追捧。从某种意义上说，这种思维有它的可取之处，毕竟"酒香也怕巷子深"，恰当的自我推销的确能让人刮目相看。但是，凡事有度，过犹不及，倘若一味表现自己，不看场合、不分情况、不注意分寸，甚至在别人失意的时候还在眉飞色舞、滔滔不绝，那就只会惹人憎恶了。

王薇就是这样的一个人，不论谁到她家去，人家椅子还没有坐热，她就把自己家值得炫耀的事情一股脑地说一遍，那表情别提有多得意了。朋友闵雪的老公失业了，近期生活得有些拮据。她非但不安慰人家，反而哪壶不开提哪壶："我老公升职了，现在每月工资有一万元，他疼我，让我随便花。"她老公给她买了一套高档时装，她马上跑到闵雪家去炫耀："这是我老公在香港给我买的衣服，猜一猜多少钱？八千元！"说完，还一脸得意地看着闵雪，那意思好像在说："怎么样，你老公买不起吧？"打那以后，闵雪再也没主动联系过她，更没登过她家门。

表现自己，虽然是人性的一部分，但这个尺度和分寸必须把握好。

人在失意之时，其内心最为敏感，也最为脆弱。这个时候，哪怕很小的负面刺激，也可能让他们崩溃，或是激起他们的愤怒与憎恨。倘若此时你不知深浅、自鸣得意，他不给你难堪，就已经算是修养好了。

换位思考一下，倘若你此时诸事不顺，却偏偏有人在你面前大谈鸿运当头，你的心情又会如何？沟通，必须注重换位思考，在失意人面前，莫说得意之事。

"当着胖人不说瘦，当着东施不说貌美。"这是每个人都应该知道的沟通常识。中国人的面子观念很重，哪怕你的话是无意的，但伤了别人面子，那么他就会找个时机反击，结果只能是不欢而散、两败俱伤。

在沟通中，我们必须谨记这点：别人的缺陷、弱点、苦处，最好不要提及，更不要拿自己的得意对比别人的失意，尤其是在有多人在场的社交场合，更要格外注意。

如果我们在说话之前能考虑清楚话语可能带来的后果，心里明了，说话过脑，便可省去许多不必要的误会和麻烦。

插话、抢话，没人愿意与你多说话

在人际交往中，我们总是会遇到这样的人：他非常健谈，不管和谁都能畅快地交谈；他口才非常好，谈起什么事情都能头头是道，可就是没人愿意和他多说话。

这种人为了显示自己的无所不知，处处抢别人的话。闲谈也好，讨论问题也罢，别人还没有说完，他就打断别人，急于表达自己的想法。比如几个朋友正在讨论一件事情，一个人刚说了一个开头，他就不假思索地抢过话头来，然后滔滔不绝地讲个没完，根本不给别人插话的机会；再比如，别人正在说一件有趣的事情，还没有讲完，他就插话说："哎，这有什么好笑的。我遇到的那件事才有意思呢……"以至于让说话的人陷入尴尬的境地。

喜欢插话、抢话的人或许是口才比较好、思维比较灵敏的人，可是他们却不是善于聊天的人，还经常把天聊死。他们总是随意地打断别人的话，不懂得顾及别人的情绪，时常把别人精心准备好的话题突然打断。试问，这样的人又怎么会受人欢迎呢？这样的人又怎么会有人愿意与他沟通和交流呢？

　　我们要知道，只有好好说话，并且尊重别人，才能形成高效的沟通。如果你以自我为中心，只顾着自己说个痛快，总是随意打断别人的话，那么就非常容易引起别人的反感，让自己成为不被喜欢的人。

　　菲菲是一个非常健谈的人，不管和谁说话都喜欢掌控话语的主动权。开始的时候，朋友们还不太介意，可慢慢地就不愿意和她聊天了。因为只要有她在，别人永远都没有说话的机会。你刚刚说一句话，她就抢过了话头说个不停。你刚提出了一个观点，她就反驳说："你说的不对。"然后就开始说自己的想法，也不管别人愿意不愿意听。

　　比如，朋友们正在谈论一个话题，你一言我一语愉快地聊着，气氛很和谐。可是她一来，就非要打断别人的谈话，把话题拉到自己的身上，然后口若悬河地谈论着她怎样怎样。再比如，朋友刚要讲一件事情，她却不假思索地插话进来，说："哎，这件事情我知道，它是这样的……"以至于让对方刚刚酝酿好的情绪突然被打断。

　　有一次，朋友们正在谈论去丽江旅游的事，菲菲听了之后，立即说："我前不久刚去了丽江，你们不知道，那里实在是太漂亮了！"朋友们显然不想听她说话，但还是压制着不满情绪，想等她说完之后再谈论旅游的事情。可当她们刚要谈论旅游攻略时，菲菲却再次抢过了话头，说："哎呀，你们不要研究什么攻略，我去过那里，你们听我的就好了……"

　　这时一个朋友实在忍无可忍了，便大声地说："是啊，你什么都知道，你最厉害，行了吧！你能不能别总是抢别人的话，这还让不让别人说话了！"

菲菲还有些摸不着头脑，非常委屈地说："我不是为你们好吗？我谈论自己的经验，难道不是为了帮助你们吗？聊天不就是随意表达自己的看法吗？"这个朋友说："每次聊天你都随意抢别人的话，然后自己讲个没完，谁都插不上一句话。你是表达自己的看法了，可是别人呢？你以为谁愿意这样聊天？"说完，这个朋友就生气地走了，其他朋友也都离开了。只有菲菲一个人尴尬地站在那里。

培根曾说："打断别人、乱插话的人，甚至比发言冗长者更令人生厌。"没错，随意打断别人说话是一种非常没有礼貌的行为，也是非常令人厌烦的行为。

懂得沟通技巧的人，走到哪里都不容易吃亏，能赢得别人的喜欢，就是因为他们非常善于聊天，能够顾及别人的感受，给别人说话的机会；而不懂得沟通技巧的人，走到哪里都容易吃亏，被别人孤立，因为他们总是爱抢别人的风头，不给别人说话的机会。

因此，如果我们想要高效地沟通，就应该善于倾听别人的话，避免在别人说话时插话、抢话。就算是我们与别人的观点不同，也不要急着表达自己的观点，更不要抢别人的话。我们应该认真地倾听完别人的观点，然后在适当的时机发表自己的看法。这样一来，才能既表达了自己的观点，又不会引起别人的不快。

安慰不好，好心也就成了驴肝肺

很多人时常会遇到这样的问题，本来是出于好心，想要安慰或是鼓励一个朋友或家人。但到头来却惹恼了对方，最后变成双方都不愉快的结局。听者会气恼地说："我都这么惨了，你这没良心的人还这样说我！真是太过分了！"而说话的人也委屈："哼，我好心安慰你，你却不领情。真是好心被当成了驴肝肺！"

这是为什么呢？其实很简单，就是说话的人不注意说话的方式，犯了口无遮拦的大忌。

很多时候，出于好心的话，如果说得不恰当，就会让对方反感，甚至厌恶，从而让两人都不舒服。比如你本来是怕朋友吃得太多，身体不健康，可你一句"你不要吃太多，否则就胖得像肥猪一样了"，就会让对方难以接受，你甚至会失去这个朋友。

琳琳就是因为不懂得好好说话，让自己的好心变了味，还无意间伤害了最好的朋友。

琳琳和丹丹是一对好闺蜜，从中学开始两人就形影不离了。大学毕业后，两人又在同一座城市工作，自然就有了很深的交情。

琳琳和丹丹平常喜欢互"怼"，互相调侃。比如丹丹喜欢到处寻觅美食，而琳琳则时常说："你小心吃成个大胖子。"丹丹和男朋友闹别扭了，琳琳就说："你脾气这么臭，万一爆发了，把你男朋友吓跑怎么办？"

对于琳琳和丹丹来说，这样的调侃已经成为她们俩亲密无间的象征，反正两人是十几年的闺蜜，还有什么忌讳呢？可这次，琳琳的话却让丹丹伤心了很久，还差一点儿毁掉两人的友谊。

丹丹和男朋友分手了，非常伤心难过，茶不思饭不想。琳琳非常担心丹丹，便来到她家里陪她。看着情绪消沉的丹丹，琳琳像往常一样，说："哎呀，我就说你不能老是'作'吧！这下被人甩了吧！你就是脾气太臭了！……"

一听这话，丹丹就怒了，她生气地质问说："你还是我闺蜜吗？现在我失恋了，你怎么幸灾乐祸？"

琳琳说："我哪有幸灾乐祸！我是想要安慰你……"

丹丹气愤地说："你这是安慰吗？这是往我伤口上撒盐！"

见丹丹愤怒的样子，琳琳也愣住了。她不明白为什么丹丹会说翻脸就翻脸，自己也是好心想要宽慰丹丹啊！

没错，琳琳是好心，也是为了丹丹好。可是她却忽略了场合和时机，更忽略了丹丹的心情。此时，丹丹刚失恋，是非常敏感并且脆弱的。这个时候，说她"作""被人甩"，岂不是在伤口上撒盐？既然琳琳是好心，为什么不好好说话呢？为什么不让话语多一些温暖，少一些嘲讽，多一些关心的词语，少一些调侃的词语呢？

好好说话，才能让对方感到愉悦，起到安抚心灵的作用。如果琳琳真的想要丹丹的心情变好，振作起来，就应该好好说话，站在对方的角度去理解她的不安和痛苦，抑或是什么也不说，静静地陪着她——相信，这也比说那些话好很多。

所以，在安慰别人的时候，我们应该注意自己说话的方式，站在对方的立场来思考，并且知道什么是该说的，什么是不该说的。

千万不要把关心的话以玩笑的形式或用嘲讽的口吻说出来，更不要把安慰的话以调侃和反话的形式说出来。否则，你的好心也就成了驴肝肺，甚至招来对方的厌烦和痛恨。

管好自己的嘴巴,背后说闲话早晚自食恶果

有这样一类人,他们天生就喜欢在别人背后指指点点,说别人的闲话。别人取得了好成绩,他就说人家是走了后门;别人心情不好了,他就猜测人家是不是失恋了;别人一旦出了些小问题,他就赶紧和他人议论纷纷……

说这样的人坏吧,其实他们也没有什么坏心眼。可事实上,这样喜欢背后说人闲话的人,是最没有修养和口德的人。他们只顾着逞自己的口舌之快,却忽视了别人的感受,自然也不会招人喜欢。

也许他们觉得自己是聪明的人,实际上却是非常愚蠢的人。要知道,"好事不出门,坏事传千里"。今天你在背后说别人闲话,议论别人的不是,也许在明天这话就会传到当事人的耳朵里。如此一来,人人都知道你爱说闲话,人人都知道你没有口德。如此一来,还有谁愿意和你交往?

更重要的是,有些宽容的人,可能不会和你计较,选择一笑而过,但是遇到较真的人时,就会针锋相对地和你理论,到时候,尴尬和面

子受损的人只能是你自己。

在一家公司内,员工小陈是一个喜欢在背后议论别人的人,谁发生了什么事情她都会打探一番、八卦两句。她觉得这没有什么,只不过是茶余饭后的谈资罢了。

一天中午,她外出办事,看见新来的办公室文员和公司副总在一家咖啡厅聊天,而且举止非常亲密。由于这位副总已经结婚了,还有一个可爱的孩子,所以她觉得自己好像发现了一个大秘密。

这下,她可找到了八卦的话题,于是一回到公司就和大家说了起来:"这个小文员和副总有关系,而且还举止亲密。""他们之间是不是关系不一般啊?!""难道她是靠着这个关系才进入我们公司的?"……

坏消息总是传播得很快,一下午的时间,小文员和副总关系暧昧的消息就在公司里传开了,也很快就传到了小文员的耳朵里。这可把小文员给气坏了,她立即来找小陈算账。她气愤地说:"你怎么这么爱说闲话,你知道事情的真相吗?就这么胡说八道!"

小陈知道自己理亏,但是还是有些嘴硬地反驳道:"我哪有胡说八道?"

小文员说:"要不是你胡说八道,公司的人怎么都说我和副总有暧昧的关系?你这样的行为给我们带来了很大的困扰!"

小陈却不死心地说:"那你们到底是什么关系?"

小文员好气又好笑地说:"看来,你的八卦之心还真的挺大的。哼!我就知道你会这样!不过,如果你再在我背后说闲话,我绝对不饶过你!"

事后，小陈才知道，原来副总是小文员的表哥，两个人的妈妈是姐妹。知道了事情的真相，她只好低着头向小文员和副总道歉。可这件事情的影响太坏了，公司领导觉得小陈的行为已经影响到了同事之间的团结并破坏了企业文化，于是便要求她辞职了。

小陈怎么也没有想到自己因为这件小事就失去了大好的工作机会。此时，她后悔已经晚了。

诚然，谁人背后不说人，谁人背后无人说。可小陈所受到的惩罚一点儿都不冤枉，因为她在背后说人闲话实际上是一种道德低下、没有口德的表现。如果小文员和副总之间不是亲戚关系，那么这样的谣言或许就会毁掉两人的前途，甚至会毁掉两人的家庭幸福。毕竟在这个世界上，众口铄金啊！

可以说，背后说人闲话是一种损人不利己的表现。爱背后说人闲话的人不仅会使别人受到伤害，还会使自己成为不受欢迎的人。因此，在人际交往中，我们要管住自己的嘴巴，坚决不在别人背后说闲话，更不要说人坏话。即便别人和你议论他人，你也应该做一个沉默者，不说闲言碎语，不传播谣言。

哪壶不开提哪壶，很难受人欢迎

每个人身上都有这样那样的缺点和不足，以及不愿被人提及的敏感点，不管是普通人还是身份非常高贵的人都是如此。

对于绝大部分人来说，一旦被人提及和碰触了这些敏感点，就会觉得自尊心受到了严重的伤害，轻则滋生反感的情绪，重则产生愤怒和仇恨的心理。我们经常说的"打人不打脸，骂人不揭短"，其实就是这个道理。所以，在日常交往中，绝大部分人都会多加注意，尽量不提及别人的缺点和短处，更不会揭别人的伤疤。

但是在与人交往的时候，我们总是会遇到这样一些人，他们说话时口无遮拦，哪壶不开提哪壶。或许这些人不是有意为之，但是不管什么时候，这样的人都无法受到别人的喜欢。

在某商场内，一位妈妈领着一个可爱的小女孩来到一家童装店。小女孩被一条美丽的公主裙吸引了，于是妈妈便让售货员拿过来给女儿试一试。

这条裙子是那种到脚踝的长款，售货员便拿了一条最小码的裙子，可是小女孩长得有些瘦小，售货员拿的那条裙子明显又肥又大。妈妈说："你再给我们拿一条小一码的裙子吧！"

这时，售货员说："这已经是最小码了。我们这款裙子是长款，不适合个子矮小的孩子穿。您的孩子还不到4岁吧，应该选择短款的蓬蓬裙，要不您再看看其他款式吧！"

一听售货员这话，这位妈妈的脸立刻就沉了下来，不高兴地说："你会不会说话啊？什么叫不适合个子矮小的孩子啊？你说话真是太过分了！我要投诉你，把你们的店长叫过来！"

这时，在一旁忙碌的店长立即走了过来，微笑着说："非常抱歉，是我们的失误，请您见谅！这确实不是您孩子的问题。我们的衣服是外贸货，比较适合国外那些孩子穿，不适合我们国内孩子的身材。"说着，她随手拿下一套短款的蓬蓬裙，说："这一款是我们国内的品牌，很适合您乖巧可爱的女儿，宝贝穿上之后一定非常漂亮。您让宝贝试一试，可以吗？"

听了店长的话，这位妈妈的脸色好看了些，说："这套确实不错，那就试试吧！"结果，这位妈妈很高兴地买下了这套短裙。

其实，售货员说的是事实，长款的裙子并不适合矮小的孩子穿。但是她忽视了说话的技巧。每个妈妈都不希望自己的孩子被说"个子矮小"。实际上，这个女孩已经5岁了，但是看上去比较矮。对于这位妈妈，这件事情是她不愿提及的，也是她苦恼的事情。

虽然这位售货员并不是有意的，她也并不知道孩子的实际年龄，但是这就是哪壶不开提哪壶啊。这位妈妈又怎么能高兴呢？

而店长就不同了，她立即说裙子穿着不合适，并不是孩子个子的问题，而是裙子本身的问题，并且夸奖了女孩乖巧可爱。这样一来，即便这位妈妈知道对方是为了缓解气氛，心里也会舒服很多，不再计较了。

不揭他人之短，不提及别人的缺点，是一个人与人交往的基本素养，更是一个人受人欢迎和尊重的关键。即便是感情再好的朋友，言论之中都不能碰触那些敏感点，又何况是陌生人。

事实上，善于沟通的人也是情商非常高的人。他们绝不会说那种哪壶不开提哪壶的话，因为他们在说话之前都会仔细地考量，很好地避免别人的隐私、缺点、不足。而这样的人，不管走到哪里，都会受到别人欢迎。

因此，我们在与人沟通的时候，言谈之间一定要注意分寸，并且尽量绕开别人的缺点和不足，多说别人的优点和长处。这样一来，我们说出来的话才不会得罪人，才让人听着更舒心、顺心。

第二章

且听人言

——提升沟通能力,关键在于倾听

　　沟通不是一个人自说自话,更不是一个人的演讲表演。一旦你只顾着自己说话,却忘记了与对方互动,忽视了让对方表达,那么这沟通的渠道就被阻塞了,也就别提什么高效沟通了。因此,高效沟通的前提和关键,就是且听人言,让自己成为一名忠实的倾听者。

倾听，高效沟通的前提

在人际交往中，很多人都认为自己是最重要的，并且迫不及待地表达自己的想法。因为他们都认为，只有表现自己的才能，展现自己的优势，才能受到别人的欢迎和青睐。

在这种情况下，愿意倾听的人就变得越来越少了。可事实上，一个滔滔不绝的演讲者并不如一个安静的倾听者受欢迎。滔滔不绝的演讲者可能会招来别人的厌烦，就像一条漏水的船一样，迫使每个人都想要尽快地逃离。而倾听者就不一样了，他们懂得细心地听取别人的意见，并且尊重别人的话语权，所以很容易受人欢迎，就像是一颗宝石一样，让每个人都想要接近。

正如教育家卡耐基所说的："做个听众往往比做一个演讲者更重要。专心听他人讲话，是我们给予他的最大尊重、呵护和赞美。"

秦雨是一名应届毕业生，刚毕业就入职一家公司做企宣。虽然她毕业于名牌大学，也写过很多不错的文案，但是毕竟经验不足。所以，她暗暗地对自己说："我要虚心学习，多听取前辈的经验。只有多听、多学、多看,自己才能有所进步。"

负责带秦雨的前辈是一个热情的人,也是一个非常健谈的人。每当秦雨向他请教问题的时候,他总是能够耐心地给予指导。可这个前辈正是因为经验丰富,所以经常长篇大论。每次讨论文案的时候,前辈都会滔滔不绝,本来三言两语就能讲完的创意,他非要讲半小时左右。

其他人都知道他这个毛病,所以每当他讲话的时候都会表现出些许的不耐烦,不是低头不语,就是神游太虚。可秦雨却不是如此,她总是能够耐心地倾听前辈的讲话,然后还会在关键时刻提出自己的一些想法。因此,前辈非常信任和喜欢秦雨,对她也给予了非常大的帮助,可以说是倾囊相助。

秦雨是一个非常善于倾听的人,不仅在工作上能够耐心倾听别人的意见,就连与同事闲聊,她也能耐心地听别人说话,很少做不必要的评论。因此,秦雨很快就成为公司最受欢迎的人,所有人都愿意和她打交道,领导也对她十分赏识。短短几年下来,秦雨就成了策划部门的主管。

现在的人们往往都更愿意说,而不愿意静下来听别人说。可他们不知道的是,倾听才是实现有效沟通的前提和重要途径,才是人们受欢迎的关键。所以,不管什么时候,都不要忘了倾听,做一个安静的倾听者。

当然,倾听并不是傻傻地听别人说话,也不是听完就好了。要知道,倾听是一门沟通的艺术,是人与人之间心灵的碰撞。作为一个倾听者,我们要保持良好的精神状态,耐心地倾听对方的讲话。如果我们在听的时候，总是一副无精打采的样子，或是东张西望的，那么不仅会使倾听的效果大打折扣，还会让对方觉得我们对他的话很不耐烦，以至于沟通无法进行下去。

　　同时，善于倾听并不是完全受别人支配，完全按照别人的想法来做事。高明的倾听者既可以听取别人的意见，让对方感觉到自己对他的尊重，又可以适时地表达自己的意见，达到自己的目的。

　　不管是在职场上，还是在日常生活中，人与人之间的沟通都是无处不在的。而我们想要高效地沟通，就应该懂得倾听的艺术。它是提高我们沟通效率的关键，更是提升我们个人魅力的法宝。

沟通三要：少说，多听，常点头

人际交往中，高效沟通并不是一个人的侃侃而谈，因为这样的方式只能让对方觉得你是一个过于自我、比较浮夸的人，从而失去了和你交流的兴趣。

高效沟通应该多倾听，多给别人说话的机会，多听取别人的意见或是建议，并且多体会他们话语的含义。这样一来，不管是身边的人，还是陌生人，他们才会注意到你，并且对你有一个良好的印象。

简单来说，想要高效沟通，我们就要做到三点：少说，多听，常点头。事实上，很久之前，人们就知道这几点的重要性了。

一个小国的使者来朝拜皇帝，并且带来了三个一模一样的小金人。这三个小金人做工非常精细，惟妙惟肖，因此深得皇帝的喜欢。不过，使者却给皇帝出了一个难题："尊敬的皇帝陛下，您知道这三个金人哪个最有价值吗？"

皇帝和大臣们有些不解，金人不是一模一样吗，怎么会有不一样的价值呢？不过，为了维护国家的尊严，他们还是想办法衡量它们的价值:又是称金人的重量,又是研究金人的做工。但是,研究了半天,大臣们也没有发现这三个金人有什么不同。这下皇帝可着急了:我泱泱大国,怎么能被小国的问题难住呢?于是,皇帝便要求大臣们尽快找到解决问题的答案,否则全部要受到惩罚。

过了不久,一位大臣站了出来,说道:"我只需用三根稻草就可以衡量它们的价值。"说完,他把一根稻草插入第一个金人耳朵里,然后从另外一只耳朵里拉了出来;把一根稻草插到第二个金人耳朵里,然后从它的嘴巴里拉了出来;而最后一根稻草插到第三个金人耳朵里,却直接通到肚子里,再也没有拉出来。

做完这些之后,这位大臣微笑着说:"最有价值的金人是第三个。"

接着大臣解释说:"第一个金人只会听,一只耳朵进一只耳朵出;第二个金人会倾听也会说,但是更侧重于自己说话;而第三个金人不仅会倾听,还会思考,它可以把别人的话留在心里。因为最有价值的人不一定最能说,却要会倾听、会思考,所以第三个金人最有价值。"

皇帝听完,直夸这位大臣聪明睿智,而小国使者也无话可说了。

没错,真正有价值的人,绝不会是滔滔不绝的人,而应该是少说多听、多思考、多顾及别人的人。每个人都有一张嘴巴和两只耳朵,为的就是要我们少说多听。善于倾听,用心去倾听,我们才能更好地了解别人的想法,从而实现和别人更好地沟通的目的。

不管什么时候,倾听都是一种智慧。当你想要得到别人喜欢的时候,静下来倾听,别人才能感受到你的尊重和真心;当你想要求别人办事的时候,聚精会神地倾听,站在对方的角度上思考问题,别人才能感受到你的真诚。而如果你只顾着表现自己，却不顾及别人的感受，只会招来别人的反感。

所以，我们应该先放下说话的冲动，耐心地去倾听，听别人的需求，听别人的心声，再去帮助对方解决问题，最后，我们才能用最简单的话来打动对方。不妨来看看下面的例子。

一家风头正盛的公司，短短几年内便一跃成为业内最赚钱、最知名的企业。一时间，人们对这家公司充满了好奇，都想要了解是什么样的人能够创造如此奇迹。于是，所有媒体都聚焦这家公司，想要抢先采访这位神秘的老板。

可几乎所有的媒体记者都吃了闭门羹，就在媒体们想要放弃的时候，一家不太知名的报纸上却出现了这位神秘老板的专访，而专访的作者竟然是一位不知名的小记者。原来，这位老板是从一个路边水果商贩做起的，之前吃了很多苦头，经历了很多磨难，最后才成就了今天的事业。

这位老板之所以会选择接受这位小记者的采访，是因为这位记者并没有什么采访提纲，只是简单地问了句："听说您当年是从一个小小的水果摊开始发迹的，您能说说自己的故事吗？我很愿意听您讲当年的不易和苦难。"

这位老板见对方直接表示想要倾听自己的过去，心里感到很欣慰，于是便滔滔不绝地讲起了自己心酸的创业史。而在整个采访中，这个小记者也只是一个倾听者，静静地听着动人的故事，时不时点头表示赞同。

少说多听，然后发自内心地体会对方的感受，是一种交谈的诀窍，更是一种智慧。小记者就是因为把自己定位为听众，才能拿下这个采访，为自己争取到成功的机会。

因此，我们应该明白这样的道理：沟通并不是单方面地表达自己的想法，而更多的是让对方说出自己的心声。这样一来，我们才能了解对方真实的声音，从而根据对方的内心、性格、习惯说出自己想说的话，达到自己的目的。

想要成功地与人沟通，那么就从倾听开始吧！少说，多听，常点头，成功也许就会在下一秒出现。

认真倾听，抓住重点才能带起节奏

在绝大多数人看来，想要提升沟通技巧，就是要练就一副好的"嘴皮子"。只要口才好，自然就能够成功地带起节奏，赢得别人的喜欢，并且达到沟通的效果。于是，这些人在与人交流的时候，开始充分地发挥自己的好口才，逮住机会就说个不停。

然而，越来越多的人发现，好口才并没有给自己带来好处，反而让自己越来越孤立，越来越不受人喜欢。

其实，之所以会出现这样的情况，就是因为这些人不懂得提升沟通能力的关键是什么。其实，这关键所在就是倾听。高效的沟通确实离不开好口才，但是如果你只顾着自己说话，处处表现自己的好口才，却不懂得给别人说话的机会，并且试图靠不停地说话来带节奏，那么只能是适得其反。

我们不妨看看下面这个事例。

小韩是一名汽车销售员，可是他的业绩却不太好，很久也卖不出一辆汽车。他觉得这可能是自己口才不好的原因，于是便苦练口才，把各种说服客户的话术都背得滚瓜烂熟。

一天，公司展厅来了一位男士，有购买汽车的意愿，于是小韩热情地接待了他。他说："先生，您想要买什么型号和价位的车？我帮您介绍一款，好吗？您看看这一款，是我们这一季的主打……"

之后，小韩就为这位男士详细地介绍了这款新车的性能、优点等。这位先生点了点头："那价格方面……"

听到这里，小韩立即打断他说："先生，一看您就是比较成功的人，价格肯定不是问题。现在买车主要是看性能……"小韩又滔滔不绝地说了一通，介绍这款车如何如何好，却只是简单地提及了一下价格。

男士接着说道："不过，这价格有些高了。我觉得……"

小韩再一次打断了男士的话，他说："您说得对。这款车的价格确实有些高，不过您既然买车，为什么不买好一些的呢？"

看到小韩几次三番地打断自己，男士不免有些生气，便不耐烦地说："我想再看看。"

可小韩显然没有意识到自己的问题，他只想着要拿下这个客户，便又说道："先生，您再给我两分钟时间，您可以详细地了解一下……"

他还没有说完，男士就生气地说："你能不能别说了！从开始到现在，你就一直说个不停，从来没有问过我的需求，也没有听我说过话。你真是太过分了！"

听了男士的话，小韩直接愣住了，满脸通红地站在那里，不知所措。

自顾自地一直说个不停，不懂倾听客户的需求，是小韩失败的关键。一旦你企图说个不停，那么沟通就很难成功了。

不管和什么人沟通，我们都不能只顾着自己，企图全程带节奏，牢牢把持着话语权。事实上，即便你掌握了话语权，也很难带动节奏，实现自己的目的。沟通不像辩论，谁掌握了话语权，谁就占据了优势；谁压倒了对方，谁就能获得胜利。很多时候，适时闭嘴，认真地倾听对方的需求，然后抓住对方说话的重点，才能真正地带起节奏，并且实现有效的沟通。

一个成功的沟通者，应该是高情商的说话者，懂得什么时候该说话，什么时候该倾听。他们绝不会和他人抢着说话，即便有疑问和意见，也会等对方说完之后，再表达自己的疑问和意见。

正如卡耐基所说："做一名好听众远比自己夸夸其谈有用得多。"事实上，带节奏并不是靠滔滔不绝就能实现的。只要你能够认真倾听，了解对方的需求和心理，那么只需简单的几个问题或是几句话，就可以让对方顺着你的意思去做。到那个时候，你的一两句话就可能赛过长篇大论。

说得多,不如听得好

很多人认为,想要高效地沟通并赢得别人的喜欢,就必须学会说话的技巧。只有学会了说话的技巧,我们才能自由地表达自己的想法和情感,才能赢得别人的好感,从而与其成为亲密的朋友。但是,人际关系是否成功,人与人之间的沟通是否有效,并不仅仅在于你是否会说话。更多时候,说得太多或者只顾着自己说,往往会起到适得其反的作用。如果只顾着自己说,却不听别人说,不了解对方是怎么想的,那么就可能说不到点上或是说出错误的话来。如此一来,彼此之间的沟通就会形成障碍,交流也就无法正常地进行下去了。

再者说,正在交谈的两个人如果一方滔滔不绝,迫不及待地表达自己的观点,根本不给对方说话的机会,那么对方就会产生厌烦的心理。或许还会出现下面的情形:一方滔滔不绝,兴致高昂;而另一方的内心却早已经不耐烦了,一直处于神游的状态,完全没有听对方在讲什么。

不管是哪一种情况,即便说话者说得再多,说得再有道理,他们与对方之间的沟通也都是无效的。而且说话者的人际关系都不会太好，原因并不在于他们说了什么，或是说错了什么，而是在于他们说得太多，听得太少。

因此，人们常说："会说的不如会听的，说得多不如听得好。"我们只有学会了倾听，少说多听，才能让自己成为受欢迎的人，同时交到更多的朋友。

方言是一所普通大学毕业的学生，与那些才华出众的同学相比，她算是比较普通的，才华也不是特别突出。虽然如此，她却进入了一家知名外企的上海分公司。这让其他同学都非常羡慕，在一次同学会上，大家好奇地问道："那家外企的门槛那么高，没有丰富的工作经验和出色的能力是很难进去的。你怎么这么厉害，是怎么进去的啊？"

方言笑了笑，说："其实，我能进入这家公司纯属偶然。大学毕业的时候，我知道这家公司想要开拓日本市场，招聘一名日语专业的学生，于是我就投递了简历。"

同学们异口同声地说："我们又不是日语专业的！"

方言回答说："没错，不过我第二外语是日语，而且还考取了等级证书，可以进行简单的日常对话。于是，我抱着试试看的态度，向这家公司投递了简历。没想到，我竟然顺利地通过了第一轮面试。

"在复试的过程中，我和一位日语专业的学生一起面试。一开始，主考官说了几句中文，让我们进行翻译。然后，他还让我们用日语进行对话，话题可以由我们自行商定。这时，我觉得自己肯定输了，因为另外一位面试者的口语非常流利，而且几乎没有语法错误。但是，令我没有想到的是，主考官竟然选择了我。"

一个同学不解地问道："为什么？"

方言继续说："等我参加了公司的培训之后，也问了当初的主考官，他现在是我的主管。他对我说，在我和那个面试者对话的时候，虽然我的话并不多，但是一直在认真地倾听对方说话，而且眼睛始终注视着对方，还不时地点头表示认可。而那个面试者呢，他虽然口语非常流利，而且是日语专业的，但是有些盛气凌人，总是想要说更多的话来表现自己，却没有认真倾听对方说话。他说，他的目的不仅仅是考察我们的口语能力，还是在考察我们的沟通能力和交际能力。所以，他认为我比较适合那个岗位。"

尽管在这次面试中，方言的日语处于劣势，但是，她善于倾听的习惯却让她反败为胜，获得了很好的工作机会。

实际上，倾听不仅是一种高效沟通的技巧，更是一种深层次的修养。所以，我们要学会倾听，成为一个好的听众。当然，倾听也是有技巧的，我们需要掌握听的要领。

倾听不仅仅是用耳朵听，更是用心听。我们需要时刻保持良好的精神状态，并且给予对方积极的回应，不能像个木头人一样坐着不动。另外，在倾听的时候，我们不仅要提出自己的问题，还要注重眼神上的交流。因为眼神的交流不仅可以促进双方的沟通，还可以轻松地建立心灵上的交流。

总之，说得多不如听得好。在与人交往时，想要实现高效、顺畅的沟通，我们不仅要发挥自己的口才优势，还要懂得倾听的重要性。

你明白对方到底要说什么吗

说话，是一门艺术，是人与人之间交往的必要手段。可如何倾听，则更是一门学问。一个人如果不会倾听，就不能了解对方的想法，不知道如何与对方交流。尤其是在人与人之间的交往中，很多时候话语中或多或少地会隐藏着一些弦外之音。如果我们不能学会倾听对方的讲话，那么就无法从对方的言语中得到更多的信息，明白对方的意图。结果只能是沟通的失败。

因此，我们要学会倾听对方的讲话，耐心、细心地去倾听，并且学会认真地琢磨和发掘，以便听明白对方话里话外的含义。而想要做到这样就需要我们提高自己的判断力和理解力，并且站在对方的角度来思考问题，从对方的言语和神态中来判断对方究竟想要表达什么。

一天，一位男子到一家商店，想要买一把剃须刀。

店员非常热情地说："您想要高档一些的品牌，还是普通的品牌？我们这里有很多款式，我可以为您推荐一下。"

男子说："当然是高档一些的。现在谁还想要不好的东西？"

随即,男子拿起一款剃须刀,问道:"这是什么品牌?这品牌是最好的吗?"

店员回答说:"是的,这是一个老品牌,质量非常不错。"

男子问:"那这款剃须刀多少钱?"

店员微笑着回答:"现在我们正在搞活动,原价是980元,现在是580元,非常合算的。"

男子惊讶地说:"什么?这也太贵了。我之前的剃须刀才200元,也是很好的品牌。"

店员立即反驳说:"我们这里也有200元的,只不过质量肯定没有这款好。您手上拿着的这个品牌是最高档的,质量肯定不一样。"

男子说:"可是这个价格还是比较高。"

店员立即说:"您要知道,一分钱一分货。那个200元的肯定不如这款……"

店员还想劝说这位男子,可是男子却明显没了兴趣,还说想再到别家去看看。这时另一个店员过来了,立即上前问道:"先生,您想买什么样子的剃须刀?不如我给您介绍一款。"

男子又回来了,说道:"你想介绍什么样的?"

这个店员拿出了另一款剃须刀,说:"这是××品牌新出的剃须刀,款式新颖,而且刀头有独特的设计,可以避免伤到脸颊。很多人都喜欢这一款,您要不要试试?"

男子问:"这个多少钱?"

"235元。而且这是这个品牌的最新产品,质量非常好,性价比也非常高。"

男子看了看，随即就买下了那款剃须刀。

为什么男子并没有买下第一个店员推荐的那款剃须刀，却买下了第二个店员推荐的产品？是因为第一个店员并没有听懂男子话里的意思。每个人买东西都想要买最好的、最高档的，可是有些人的经济条件决定了他们不能或是不舍得买太贵的东西。所以他们会权衡一下货物的质量和价格，尽量买价格适合，质量又不错的东西。这个男子就是如此。

从他的话里，我们明显可以知道，他觉得第一个店员推荐的剃须刀太贵了，想换一个价格适中一些的。可是，店员却一味地想要推荐价格高的产品，所以他才选择了离开。而另一个店员则弄明白了顾客的真实意图，给他推荐了一款性价比高，质量也非常不错的产品。

正所谓"闻其言便可知其人"。但是在很多时候，由于种种原因人们可能会委婉地表达自己的想法，或是所说的话可能并非全都是真话。如果我们不能注意听其言、辨其意，那么就会让自己陷入误区，并且使得沟通无法顺利地进行下去。严重的时候，我们还会因为误会了对方的意思，而让自己陷入被动之中，从而导致沟通失败。

而如果我们能够学会倾听，提高自己的倾听能力和水平，提升自己的沟通能力，练就高超的判断力，如此一来，我们还愁不能明白对方的意图吗？

因此，想要高效地沟通，我们就必须正确理解对方的真实意图，弄明白对方到底想要说什么。

第三章

声情并茂

—— 一颦一笑都令人不可抗拒

沟通的关键一步就是表达，要把自己内心的想法和观点充分地表达出来，并且准确地传递给对方。然而口头语言只是我们表达思想和情感的一种方式，且占据了信息传递的一小部分，不足以表达我们全部的情感和思想。如果我们能够恰当地运用语调、语速、身体语言、感情色彩等元素，做到声情并茂，那么沟通的效果将会更好！

精心遣词，让每句话都有声有色

我们时常会遇到这样的情况：有的人很受别人的欢迎，瞬间就能吸引别人的注意，每次与别人交流的时候，他总是能够侃侃而谈，而对方也能被他激起说话的兴致；而有的人好像就没有这样的好人缘，当他说话时，别人好像都提不起精神，更别提积极地回应了，于是，他只好寥寥几语结束与别人的交流。

为什么会出现如此大的差别呢？

因为前者的语言更有魅力，更吸引人。他们通过遣词造句，或是运用比喻、夸张等修辞，或是借用感叹、疑问等句式，让自己说的每一句话都有声有色、精彩无比。而后者则只是平铺直叙，就好像是记流水账一样，枯燥乏味。如此一来，又怎么能吸引别人的注意，勾起别人谈话的欲望呢？

可以说，想要提升我们的沟通能力，让沟通变得更高效，我们就应该增强语言的魅力，提升话语的感染力。就好像是演讲一样，只有增强语言的感染力，引起对方的共鸣，并且引发他的联想，我们才能获得别人的喜爱，并且达到自己的目的。

一次，一位尽忠职守的员工李先生，在值班的时候抓住了一个到公司行窃的小偷，因此被公司评选为先进员工。领导准备在公司年会上特意表彰他的勇敢行为，并且让他上台演讲，讲述当时抓小偷的经过。可是，李先生并没有这方面的经验，怕自己说不好，便事先写了一份演讲稿，然后找好朋友来把关。

可好朋友看了他的演讲稿之后，便笑着说："你这哪是什么演讲稿，简直就是流水账，太苍白空洞了。这样的演讲，哪有人愿意听啊？再说了，这稿子也不能体现你的机警和尽忠职守啊！"

原来他的演讲稿是这样写的：各位同事，我那天值班的时候遇到了一个小偷，他想要趁没人的时候偷我们公司的重要物品……我发现了他，立即把他抓住了……

朋友说："演讲要注意遣词造句，要具有感染力，否则怎么能吸引听众？我给你修改一下吧！"

李先生后来用了朋友修改后的演讲稿进行演讲。结果，他的演讲果真赢得了同事们热烈的掌声，大家还都夸奖他勇敢、尽职尽责。我们来看看这篇赢得不错反响的演讲稿。

亲爱的同事们：

我很荣幸获得了先进员工的称号，我非常高兴。大家都知道，我独自一人，抓住了一个小偷。可直到今天，我还有些胆战心惊，因为当时公司就我一个人，而且那小偷的体形比我高大很多。

记得那天我正在认真地看文件,突然听见隔壁办公室里传出了窸窸窣窣的声音……看见这个小偷正在行窃,我没敢声张,生怕惊动了他。但是我也不能坐视不管,任由公司的财物遭受损失。可是我的体力又不如他,我该怎么办呢?当时,我急得满头都是汗水,想要找一个更好的办法。突然,我灵机一动……

说时迟,那时快。我凭借着自己的机灵抓到了小偷,既保证了自己的安全,又维护了公司的利益……

就这样,李先生凭借着生动有趣、富有感染力的语言,打动了每一个同事,让自己的事迹成了公司传颂的佳话。而如果他采取之前的演讲稿,并用空洞乏味的方式说话,恐怕就很难获得同样的结果。

不管是演讲还是日常谈话,我们都不能忽视遣词造句的作用。只有让语言更加精彩、更加富有感染力,才能在我们和听众之间搭建起桥梁,让听众充分地理解我们话语的含义,体会我们的内心情感。

让我们学会精心地遣词造句,提高自己的口才吧!当你用巧妙生动、富有感染力的语言,让每一句话都有声有色时,你就会成为高超的沟通者,从而成为受人欢迎的人。

调整语调,用声音俘获对方

声音在语言沟通中占据着十分重要的地位。恰当的语调不仅可以向对方传达出自己的想法,更可以传达自己的情绪、感情,实现以声传意、以声传情的目的。事实上,很多高超的沟通者都是善于运用语调的专家。他们通过调整自己说话的语调,或是慷慨激昂,或是沉重缓慢,向对方传达自己的情感,并且吸引对方进入自己的情感世界。

尤其是在演讲中,那些演讲达人无不是运用高昂或是低沉的语调来吸引听众的注意力,并且让听众感同身受的。

一位著名的演说家到英国的一个剧场进行演讲,无数听众慕名前来。这位演说家只进行一个小时的演讲,然后剩下的半个小时是和观众互动以及回答记者的提问的时间。

演讲进行得非常顺利,演说家时而用轻松的语调来讨论愉快的事件,时而又用沉稳的语调来告诉人们某些道理,而全体听众的情绪也跟随着演说家的声音此起彼伏,时而轻松愉悦,时而庄重认真。

演讲结束后,听众对演说家的精彩演讲报以热烈的掌声。在记者提问的环节中,一名记者问道:"你是如何让自己的演讲这么具有感染力的?又是如何调动听众的情绪的?"

这位演说家听了这个问题后,微笑着说:"其实,这没有什么了不起的秘诀。只要你能够调整自己的声音,变换演讲的语调,那么人们的情绪自然就会受到影响,随着你的情绪而起伏。"

随后,演说家朗诵了一首诗歌,让听众和记者们体会到了语调变化的感染力。这是一首凄美的西班牙爱情诗歌,开始时,演说家用温柔、轻松的声音讲述着两个年轻人的邂逅、相恋,使听众体会到了爱情的浪漫和美好。之后,当讲述这对恋人因种种原因而不得不分开,受命运的捉弄时,演说家运用了低沉的声音和缓慢的语速。从他的朗诵节奏中,听众们感受到了那份凄凉、无奈,以及恋人相爱却不能在一起的痛苦,以至于很多人都潸然泪下。

当演说家朗诵完最后一个字时,剧场内异常安静,只有一些听众的抽泣声。过了一会儿,大家依然沉浸在那凄美的爱情中,不可自拔。

由此可见,声音是非常具有魅力的,它不仅可以传达人们的想法,还可以传递人内心的情感。不仅在演讲中如此,在与人沟通时也是如此。我们必须让自己说的话抑扬顿挫,通过适度地调整自己的语调来调动自己的情绪,让自己的话语更加有魅力和说服力。

比如,我们在强调某件事情,并想要吸引别人注意的时候,就会提高自己的语调;在讲述令人愉快的事情时,我们也会不自觉地提高自己的语调;而如果我们对某件事情不满,想要表达自己的抗议,那么也必须运用高昂的语调,慷慨激昂,否则我们的意见很难引起别人的注意，也很难表达我们内心的愤慨。

　　不管是什么人，在什么场合，我们说话都不能像机器人一样，没有抑扬顿挫，没有高低声调。否则，即便我们所说的内容再精彩，对方也不可能真正听进去，更无法产生情感的共鸣。只有做到高低有致、抑扬顿挫，我们的话才能充满感染力，才能俘获对方的心。

　　那么，想要做到这点，我们应该怎么调整自己的语调呢？

　　其实很简单。我们所采用的语调应该贴合自己所处的场合，并且能够清楚地表达自己的思想感情。比如闲聊时，我们可以采取轻松愉快的语调；而在正式的场合，我们就要采取稳重低沉的语调。当我们表达坚定、果敢、豪迈、愤怒的情绪时，就应该加重语气，提高语调；而表达幸福、温暖、满意、欣慰等情绪时，则应该运用舒缓的语气，让自己的语调变得轻柔些。

　　我们所说的每一句话不可能都只用平的语调，没有任何起伏，而是应该有重点和非重点之分。没有抑扬顿挫，我们的语言就缺少了魅力，声音也就失去了吸引力。所以，在与人沟通的时候，巧妙地调整说话的语调吧，如此一来，你的语言才会具有神奇的力量。

说话快慢有艺术，把握好合适的语速

我们平时说话，语速有快有慢，并且随着情绪的变化而不断地变化。合适的语速可以准确地表达我们的情感，让交谈的对象有兴趣参与到谈话中来，同时还可以营造出适宜的谈话氛围，从而使得交谈顺利地进行下去。

当然，不同的语速也能营造出不同的氛围。比如快节奏的话可以营造出紧张的氛围，让对方的内心产生一种紧张感和激动感，还可以轻易地调动对方的情绪；而慢节奏的话则会营造出一种庄重、严肃的氛围。

在现实生活中，人们也总是想办法调整自己的语速，来营造出自己想要的氛围，达到自己想要达到的目的。

电视购物节目中，两个主持人正在介绍一种产品的优势和独特之处，语速非常快。等到谈及价格的时候，主持人的语速更快了。这样做的目的就是营造出一种紧张的氛围，让电视前的观众被他们的情绪所感染，快速决定买下他们的产品。如果他们说话的语速过慢，就无法营造出紧张的氛围，也无法让观众内心激动的情绪不断上升。同时，每个观众在更换频道的时候，在每个频道停留的时间都是非常短的，或许只有十几秒甚至几秒的时间，所以主持人必须在最短的时间内让观众了解产品的基本信息和价格，激起观众的购买欲。

　　快节奏的说话速度不仅有利于营造紧张的氛围，感染对方的情绪，还有利于让自己抢占主动地位，给对方施加无形的压力。比如在辩论赛上，很多时候，辩手在反驳对方观点时，就会加快自己的陈述语速，并且加重自己的语气，以便在气势上压倒对方，给对方施加心理上的压力。

　　当然，在不同的谈话场景中，我们需要变换不同的语速，有些场合就不适合用过快的语速。比如商务谈判的过程中，我们在陈述自己观点的时候，就不能语速过快，否则就会使得对方无法听清我们所要表达的东西。而且如果一方犹如机关枪一般说起来不停，会令对方感到非常反感和烦躁，以至于不想继续交谈下去。

　　也就是说，在与客户进行商务谈判时，我们最好不要用太快的语速，只要比平时的语速快一点就好了。这样不仅可以清晰地阐明自己的观点，还可以营造出一种适度的紧张感。

　　由此可见，不同的语速可以表现不同的情感，也可以营造出不同的谈话氛围。而同样的语速，在不同的场合中，有时会比较适用，能达到很好的效果；而有时则会起到相反的作用，带来不良的影响。

　　合适的语速还可以增加我们的声音魅力，一旦我们能掌控好自己说话的语速，就可以轻松地和不同性格的人交谈，赢得他们的好感和信任。

因此，我们应该掌握说话快慢的艺术，根据不同的场合和说话对象来调整自己说话的语速，力求做到语速的精确合理。如此一来，我们不仅可以清楚地表达出自己的思想，还能成为具有声音魅力的人。

态势语：此处无声胜有声

人际沟通，不仅仅局限于语言的沟通，还有非语言的沟通，即表情、眼神、肢体动作等所传递出来的无声语言。这就是我们所说的态势语。而在日常生活中，我们使用态势语的机会并不比口头语言少，甚至有的时候还远远超过了口头语言，因为它所传达出来的信息要比口头语言更具有冲击力和感染力，更能表达我们的情绪和内心的情感。

比如两个恋人在倾诉爱意的时候，一句简单的"我爱你"，就远没有热烈的亲吻和情意绵绵的眼神更震撼人心；当一个人表达自己的愤怒的时候，大声地吼叫，就远没有怒目圆睁、握紧拳头更有感染力；当一个人不安时，一句简单的安慰，就远没有一个温暖的微笑更让人心安。

可以说，态势语虽然是无声的，却能把人们内心的思想和情绪表达得淋漓尽致，还能在恰当的时候，把口头语言的感染力及魅力无限地扩大。因此，凡是高超的沟通者，都是善于借助态势语，声情并茂地表达自己的思想和情感的。

一位著名的戏剧导演要筹备一出新戏,并公开招募女主角的人选。一时间,很多演员都慕名前来,希望能够被这位出色的导演选上,其中还包括了很多新人,以及刚毕业不久的学生。

在一个多月的时间内,导演面试了很多演员,可就是没有找到合适的人选。虽然之前面试的很多演员条件都不错,外形靓丽,演技也不错,而且几个小有名气的演员的台词功底也都相当深厚。但是,导演始终觉得她们的表演好像缺少些什么。

就在导演失望的时候,一位刚毕业的大学生前来面试。她的外形非常出众,台词功底也不错,但是演技有些青涩,并不是所有面试者中最出色的一个。但是当导演让她表演一段悲伤的台词时,她的表现却赢得了众人的认可:女孩神情悲伤地念着台词,当念完最后一个字的时候,她把脸缓缓地埋入双手,静静地坐在舞台上。此时,她单薄纤瘦的肩膀微微颤抖着,仿佛强忍着内心强烈的悲伤。最后,她抬起了头,冲着镜头露出了悲伤而又淡淡的微笑,让人感到万分心疼。

看到这样的情景,导演立即走向女孩,激动地说:"这就是我想要的感觉。女孩内心万分悲伤,但心中却怀有希望。这最后的捂脸、颤抖和微笑等一系列动作实在是太到位了,真是无声胜有声啊!"

台词确实能够表达角色的内心情感,但是身体语言更具有感染力和说服力。女孩在念完台词之后,利用自己的身体语言,将悲伤的情绪推到了最高点,最后那一个淡淡的微笑更是将内心的情感很好地呈现了出来。正是这无声的语言打动了导演,让她争取到了这个角色。这就是态势语的感染力和魅力。

没错，在与人沟通时，我们的口头语言确实能够传递有效的信息和情感，但是这只占到了很少的一部分，而绝大部分的信息传递和情感表达，都必须借助面部表情、身体语言的辅助才能更好地完成。同样一句话，如果加上了神态和手势，那么带给人的感受就完全不一样了。

据研究显示，人们在沟通中传递信息的比例是：语言7%，语气语调38%，身体语言55%。也就是说，如果我们没有很好地利用态势语，就会失去有效沟通的55%，那么对方就很难完全了解我们的情感和想法，如此一来，高效沟通又从何谈起呢？

因此，我们要练就好的口才，但也千万不能忽略了态势语的魅力。只有做到了声情并茂，让自己的表达方式更丰富，才能更好地表达自己的情感，吸引别人的注意，从而使沟通更顺畅，更和谐。

微笑，是人际最美丽的语言

有人说过这样一句话："生活如同一面镜子，你若是对它哭，那么它回报给你的便是眼泪；而你若是对它笑，那么它所回报给你的必定也是笑颜。"

没错，微笑是具有魅力的，它可以温暖自己，也可以灿烂别人。在人际交往中，微笑的魅力更是无与伦比的。不管你面对什么人，只要面带微笑，就有可能会迅速赢得对方的好感。即便是最难缠的人，看到你真诚微笑的脸，也会变得好说话；即便是最固执的人，看到你灿烂的微笑，也会放下心中的坚持，真心地与你交流。

可以说，一个简单的微笑可以让你不费吹灰之力就赢得别人的喜欢，并且达到远远超乎想象的效果。

有一家饭馆，面积不大，装修也不算豪华，但是给人的感觉很舒服，生意非常兴隆。每当客人进门的时候，服务员都会微笑着说："欢迎光临，很高兴为您服务。"他们的餐具也非常有特色，不管是盘子还是碗筷，上面都有一个黄色的笑脸，而且每个桌角上都有一行小字：

你微笑，整个世界都会对你微笑！

为什么这家餐馆的老板会以微笑作为服务宗旨呢？其实，这和他之前的经历有很大的关系。

这位老板原来是一个成功的商人，做的是建材销售的生意，而且生意做得非常大，几乎整个城市40%的建材生意都是他的公司经手的。因为经营有方，所以公司的生意越来越好，而他也成了当地非常有名的人物。

但是，他有个明显的特点，那就是平时比较严肃，总是板着脸，不喜欢说笑。开始他还觉得，这就是他的一个优点，正因为平时自己严肃认真，所以才能震慑到对手并管理好公司的员工，使得公司的发展越来越壮大。

不过，他不知道的是，很多客户都对他有看法，说他总是摆着臭架子，不好沟通，性格过于死板，一点情趣都没有。一些客户甚至说："要不是和他是合作关系，我都不愿意和他交流。他这个人真是太严肃了，我从来没有见他笑过！"

公司的员工也是如此，他们知道老板威严、不喜欢笑，所以每次见了他都像见到瘟神一样，能躲多远就躲多远。可以说，这个老板并不是受人欢迎的人，不管是客户还是员工都想要远离他，只是碍于生意或是身份，不得不和他交往罢了。

之后，正是他的这个特点，让他遭遇了巨大的失败。当时，由于种种原因，他的公司出现了问题，资金链发生了断裂。这位老板却认为，这个危机并不大，只要自己能够坚持半年，找到资金来源，并且稳住老顾客和员工，那么就可以顺利地解决所有问题。

可是，一些客户却在这个时候趁机结束了与他的合作关系，并且纷纷上门催款。这下，公司的危机加重了，面临倒闭的危险。他急忙安抚员工，寻找新的客户，并且降低供货的价格。但是，由于他人缘不好，并没有留住那些员工和客户，以至于他所有的努力都付诸东流。短短半年的时间，他的公司就彻底倒闭了。

为什么自己会一败涂地？为什么那些员工和客户竟然如此不留情面？经过一番思考之后，他终于找到了问题的症结，那就是他与员工和客户的关系实在是太糟糕了，他们对自己根本没什么信任和好感。而之所以会出现这种问题，是因为自己平时过于呆板、严肃，从来没有给予过他们微笑。即便他是真诚的，别人也无法体会到他的真诚。

于是，他决定改变自己，告诉自己要学会微笑。再创业时，他把微笑当成自己的经营理念。现在，他又获得了事业的成功，并且还拥有了很多不错的朋友。

没错，人人都爱微笑的脸庞，没有人会喜欢不会笑的"瘟神"，也没有人愿意与这样的人交往和合作。可以说，微笑是人际交往中最美丽的语言，它不仅可以让你获得别人的信任和青睐，还可以帮助你获得事业的成功。

所以，在与人沟通时，我们应该努力让自己微笑，因为它具有让人不可抗拒的力量。

说话时融入感情，让别人能够感同身受

沟通是双方的事情，只有一方把自己想要表达的信息传递给对方，并且促使对方做出反应，这样的沟通才是有效的、有意义的。一旦对方没有任何反应，那么即便你的想法再好，再有意义，也无法达到沟通的效果。

如何把这些重要的信息顺利地传递给对方呢？是靠犀利的语言、滔滔不绝的讲述，还是迫切的请求？

显然，这些都不是很好的方法。要不然在人际交往中，就不会出现类似的情形：一个人滔滔不绝地讲述着一件事情，可坐在对面的人却毫无表情，甚至是在神游太虚；一个人面对着一群人侃侃而谈，字字珠玑，可是这群人却双手抱胸，显然是根本不同意他的看法……但是，当一个人带着强烈的感情绘声绘色地讲述一件事情时，即便这件事情并不是真的，对方也会听得津津有味。这是因为前两者虽然滔滔不绝、口若悬河，但是没有任何真情实感；而后者则在讲述的过程中

加入了自己的感情,并且用自己的感情调动了对方的情绪,使得对方感同身受。

因此,我们想要实现高效沟通,就必须在谈话中融入感情,使得对方与自己产生感情上的共鸣。事实上,很多擅长沟通的高手都是通过这个方法实现高效沟通的。

戴尔·卡耐基就曾讲过这样一个故事。

有一次,他给一家银行的理财指导师做培训,一位名叫卡特的理财师说出了自己的苦恼:"卡耐基先生,我几乎掌握了所有的话术,也为客户提供了最佳方式,为什么没有人愿意听我说话呢?为什么他们总是不愿意和我沟通呢?难道我真的不适合这份职业吗?"

听了卡特的详细讲述,卡耐基发现他并不是没有好口才,而是说话的时候缺少热情。于是,卡耐基对他说:"在与客户沟通的时候,你只是背诵相关条款和原则,在你的话语中,别人根本感觉不到你的热情,如此一来,你的话怎么能打动他人呢?所以,在说话的时候,你应该让自己的话富有感情,让对方知道你是真诚地为对方着想,这样一来,别人才能感受到你的真诚和热情,从而回报给你真诚和热情。"

卡特还是一脸茫然,于是卡耐基给他出了一个简单的题目:说服客户进行遗嘱公证。卡耐基让卡特记住一点,那就是要让自己对这个题目产生热情,并且满怀热情地向客户讲述。

经过一段时间后,卡特激动地对卡耐基说:"卡耐基先生,我明白了,我要做的并不是祈求他人的施舍,或者要求他们做自己根本做不到的事情。而是要让他们知道,我是为他们着想,为他们的后半生打算。让他们知道只要进行了遗嘱公证，等到他们年老之后，就会过上衣食无忧的生活，并且为他们的家人留下丰厚的财产。"

卡特眼中闪烁着光芒，继续说："我要做的是一项了不起的事情，是在为整个社会服务，我必须对这项工作充满热情。"

这时，卡耐基拍拍卡特的肩头说："相信你的热情可以感染每一个人，人们都愿意按照你所说的去做。"后来，卡特果然取得了成功。

之所以会发生这样的转变，是因为卡特之前和客户沟通时是没有什么感情的，缺乏足够的热情。所以，即便他滔滔不绝，即便他说的话非常有道理，也无法感染对方。而后来，因为他的语言充满了真诚和热情，所以客户很容易受到情绪上的感染，并且相信他所说的话。

因此，与他人沟通，我们不能做一个呆板的陈述者，否则这和机器人有什么区别？想要高效沟通，我们就要调动对方的情绪，让自己的情绪感染对方，让其感同身受。而让自己的话更加具有感情，充满真诚、热情，就是实现这一目的的最好方法。

用你的谈吐和举止来吸引他人

很多时候，我们会发现，你善于夸奖人，口才也非常好，却总是无法赢得他人的喜欢；你努力地工作，认真负责，却始终得不到上司的认可；你想尽办法与同事打好关系，他们却总是对你爱搭不理，避之若浼……

事实上，之所以出现这样的情况，并不是你口才不好，能力不行，不善于沟通，而是你在与人相处时，缺乏好的谈吐和举止。

事实上，在人际交往中，言谈举止是一门很大的学问，有着举足轻重的地位。它不仅是其他人了解你的一张重要"名片"，还是你修养和德行的体现。你如果没有良好的言谈举止，那么即便口才再好，沟通技巧再高超，恐怕也无法给别人留下好的印象，受到别人的喜爱。

这是因为不管外在的容貌、口才、能力有多出色，也没有高雅的谈吐和举止更吸引人，更令人信服。

而真正聪明的沟通高手，总是能够保持良好的谈吐和举止，让自己的魅力在举手投足，乃至一颦一笑之间体现出来。

一个人良好的言谈举止主要体现在坐立行走之间。我们不妨想象一下，一个人坐没有坐相，坐在那里总是跷起二郎腿，而且腿还不停地抖动，这样的人怎么能招人喜欢？谁愿意和这样的人交谈？一个人走路大摇大摆，而且还左顾右盼，这样的人怎么会有好的修养和德行？谁又愿意和这样的人交朋友？

所以，在人际交往中，我们要保持良好的坐姿，端端正正地坐好，并且稳重地走路。这样一来，才能呈现出良好的精神面貌和修养，给别人留下好的印象。

另外，一个人举手投足之间也体现了其是否具有良好的修养。生活中，我们时常会看到这样的人，他们打扮得衣冠楚楚，可是却在举手投足间暴露了非常不好的修养。他们会在公众场合大声喧哗，会在禁止吸烟的场所肆无忌惮地吸烟，甚至会做出插队、吐痰等不文明的行为。事实上，不管这样的人外表多么靓丽，身份多么高贵，也无法获得别人的喜欢和尊重。

在与人沟通的时候，一些小动作也会影响你和对方的交流，给对方留下不好的印象。比如，我们不能当着对方的面打哈欠。尤其是对方正在情绪激昂地高谈阔论时，如果你张大了嘴巴打哈欠，不仅显示了对对方的不尊重，还让对方觉得你轻视或厌恶他，促使交谈无法顺利地进行下去。当对方说话的时候，如果你非常随意地挖鼻孔、掏耳朵，这不仅是一种失礼、没有修养的行为，还会让对方感到非常厌恶和恶心。

但是并不是说，你完全不可以有这样的动作，如果你实在感觉到不舒服，或是无法控制自己，那么应该先和对方说抱歉，然后背过身去，或是在私下解决，相信对方会体谅你的苦衷。

总之，一个人平时的谈吐和举止就是其个人修养的体现。在与人交往的时候，我们要注意言谈举止，加强个人修养。这样一来，你的一举一动才能不断地吸引他人，为高效沟通打下良好的基础。

第四章

察言观色

——注意表情细节，掌控制胜关键

想要高效沟通，就要做到知己知彼，了解对方的性格、情绪变化以及心理特征，如此才能把话说到对方的心坎里。而想要做到这一点，我们应该学会察言观色，多多观察对方的表情、动作、口头语等，从中知晓他们的真实想法。

沟通也讲究因人而异

曾经听过这样一个故事。

很久以前,一个年轻人要离开家乡,到外面的世界闯荡一番。临行前,他向家里的长者告别,并且询问长者有什么教诲。

他问长者:"您能告诉我,世界上最容易做到的事情是什么吗?"

长者说:"世界上最容易做到的事情是说话。因为世界上每个人都会说话,即便是只有几个月大的婴儿,也能咿咿呀呀地说话。"

他又问:"那么,世界上最难做到的事情又是什么呢?"

长者回答说:"同样也是说话。因为并不是所有人都能说好话,即便是学富五车、聪明无比的人,也不一定能够真正说好话。"

年轻人有些迷惑不解,问道:"既然如此,我怎样才能把话说好呢?"

长者笑着说:"其实,你只要做到一点就可以了,那就是管好自己的嘴巴,洞察他人的心。"

没错,这位长者所说的话非常正确。因为说话看起来是非常简单的,只要张张嘴就可以了。我们每天都要说很多话,每天都要和各种人说不同的话。可说话又不是一件容易的事情,因为我们在与人说话的时候,不仅要考虑到自己,更要考虑到对方。

每个人的性格、脾气、身份、心理、语言习惯等都有所不同,对于谈话的要求、目的也有所不同。如果我们说话的时候,没有考虑到这些因素,那么就很难说好话,更别提说让对方舒服、赞同的话了。甚至有些时候,如果我们没有考虑对方,只顾着自说自话,恐怕连得罪了人都不自知。

正因为如此,在与他人谈话、交流的时候,我们要懂得从对方的角度出发,看好对象再说话。我们必须学会观察他人的性格特点、内心需求等,然后再根据这些来考虑说什么样的话,采取什么样的沟通方式。简单来说,就是因人而异,见什么人说什么话。只有如此,我们才能把话说到对方的心坎里,说出让对方信赖的话,从而赢得对方的喜爱。

博恩·崔西就是懂得这种沟通技巧的人。他在说话的时候,总是能够照顾对方的感受和心理,所以他才能成为美国非常著名的推销高手之一。他曾经说:"我的推销秘诀就是,要知道自己面对的是什么样的客户,然后对他说他想听的话。"

他曾经讲过自己的一次经历。

一次,他遇到了一位很有气质,但比较高冷、有主见的女士。当这位女士知道博恩·崔西是一位推销员时,不屑一顾地说:"我知道你们经常为了推销产品而奉承人,专挑好听的话来说。我可不是喜欢奉承的人,也不会被你的花言巧语迷惑。你还是省点时间去找别人吧!"

博恩·崔西并没有因女士的嘲讽而生气。他微笑着说:"是的,女士,您说得非常对。推销员是专门挑好听的说,不过遇到您这样的顾客,这些就不管用了。我们很少遇到像您这样有主见的人。"

这时,博恩·崔西发现这位女士的脸色好像好了些,便继续说:"我现在不说奉承您的话,只是想介绍一下我们的图书。图书好不好以及是否购买,由您自己判断和决定,可以吗?"

女士想了想,说:"那你介绍一下吧!"

之后,博恩·崔西开始根据女士的性格、身份,介绍了几套适合她的图书。而这位女士竟然痛快地选择了一套图书,之后还在博恩·崔西那里购买了很多套图书。

博恩·崔西为什么会成功?关键就在于他能够迅速地了解这位女士是什么样的人:有主见,不喜欢奉承,喜欢自己主导事情。所以,他及时调整说话的策略,收起了那些好听的话,只简单地陈述图书的特点,并且任由女士自己判断和决定。正因为如此,他的话才没让这位女士反感,而这单生意也变成了水到渠成的事情。

试想,如果他还是像对待其他顾客一样,只顾着赞美这位女士如何有能力、如何漂亮,然后自顾自地推荐自己的图书,那么不仅无法取得交易的成功,恐怕还会被这位女士拒之门外。

所以说,有效的沟通就应该做到因人而异,针对不同的对象,选择不同的说话方式,寻找不同的谈话内容。

不同的场合,有不同的说话方式

善于沟通的人,总是能够恰当地把握说话的场合,巧妙地表达自己的想法,并且让对方产生愉悦的心情。相反,不善于沟通的人,却总是随心所欲、信口开河,不管什么场合都肆无忌惮地乱说一通,以至于说出让人不舒服的话。

说话注意场合,在不同的场合采取不同的说话方式,这应该是一种沟通的技巧,更应该是一个人基本素养的体现。而如果忽视了场合,那么即便是再完美的话,恐怕也无法起到作用,甚至还会招来别人的反感。

比如,在公众场合,你就应该说一些客套话,说一些正式用语,这样才能体现你对听众的尊重。可是如果是老朋友聚会,你却还说那些客套话,打官腔,就会显得太虚假、做作了。之后,恐怕没有人愿意和你交往,更没有人愿意真心对你了。

再比如,悲伤的氛围下,你就应该说安慰的话、沉稳的话;喜庆的氛围下,你就应该说令人高兴、活跃氛围的话。可是如果你没有注意场合,在别人悲伤的时候说喜庆的话,在别人高兴的时候说丧气的话,那么就只能招致别人的误会,甚至仇恨。

因此,我们要记住,想要高效地沟通,就应该在不同的场合说不同的话,否则很难达到理想的效果。不妨看看英国女王的小故事。

英国女王伊丽莎白和丈夫的感情非常好,很多年来一直相知相爱。可是,女王毕竟是一国之君,习惯了发号施令,有时候可能会用同样的方式来对待自己的丈夫。一天,女王忙完应酬之后,已经是深夜了。她回到卧室外,发现房门已经被反锁了,便大声地敲门。

丈夫大声地问:"门外是谁?"

她高声且有威严地回答:"我是女王。"

可是房间内没有任何反应,她只能耐心地再次敲门。丈夫又问道:"门外是谁?"

她这次放低了姿态,改变了回答的方式,说:"我是伊丽莎白。"

可是,丈夫还是没有开门,她只能第三次敲门。丈夫依旧问道:"门外是谁?"

这一次她用温柔的声音说:"我是你的妻子。"

直到这时,丈夫才打开房门,迎接自己的妻子。

是的,伊丽莎白是高高在上的女王,拥有着至高无上的权力。可是,这是她面对大臣、全体国民的身份。当她回到家里,她只是一个妻子。面对自己的丈夫、爱人,她就不能摆着女王的姿态说话。否则,家庭关系、夫妻和谐就会出现严重的问题。

不管你是什么样的人,都应该学会根据场合的不同来改变自己说话的态度、方式,以及说话的内容。因为每个人在不同的场合所拥有的身份是不同的，面对的对象也是不同的，所处的氛围也是有所差别的。这就是我们俗话所说的"到什么山上唱什么歌"。如果你不能认清自己的身份，无法把握好所处的场合，那么就会说出有失分寸的话。

那么，我们应该如何说出适宜的话呢？其实很简单，只要我们区分开几种场合就可以了。

1. 陌生场合和熟悉场合

俗话说："内外有别，亲疏有度。"在陌生场合，我们说话时就要注意分寸，不可胡言乱语，更不可说一些过于亲密的话。而在亲朋好友聚会的场合，我们就可以无话不谈、畅所欲言，不可打官腔、说虚伪的话。不管是哪一种场合，如果你模糊了界限，那么就会说出不得体的话，以至于招来别人的反感。

2. 正式场合与非正式场合

在正式场合，我们就应该严肃认真，说正式用语和礼貌用语，尽量避免口头用语。而在非正式场合，我们可以随意一些，就像是聊天一样，不能太呆板、严肃，这样才能更容易拉近彼此的距离。

3. 喜庆场合与悲痛场合

一般来说，我们说的话应该和所在场合的气氛相协调：千万不要在别人办喜事的时候，说出一些悲伤或是不吉利的话；也不要在别人悲痛的时候说一些开玩笑的话。

总之，针对不同的场合，选择最合适的语言和表达方式，才能让我们的沟通达到最佳的效果。

在最恰当的时候，说最恰当的话

有一句话说得好："一句话使人笑，一句话使人跳。"语言就是具有这样的魅力，可以让人心情愉悦，也可以让人暴跳如雷。而关键就在于说话的人是否掌握了说话的技巧，是否考虑到对方的感受。

如果说话者不顾及别人的感受和情绪，在不适合的场合说出不合适的话，那么就会因为自己的言语而得罪人，或是让自己陷入被孤立的境地。而高明的沟通者则很懂得说话之道，更懂得注意说话的细节，明白在什么时候说什么样的话。

简单来说就是，会说话的人，即便说再多的话也不会得罪人，不会使人厌烦；而不会说话的人，因为不懂得察言观色，不懂得把握说话的时机，即便只说一两句话，也会伤害到别人。所以，不管什么时候，在说话之前，我们一定要察言观色，并且自我审视一番，说出最恰当的话。

然而，生活中却有这样一群人，他们总是不假思索地说话，以至于察觉到说错话时为时已晚了。

李强和王刚是发小，两人是在一个院子里长大的，上大学之前都一起上学、玩耍，简直就是形影不离。虽然两人不是在同一个地方读大学，但是交情依然非常好，每次假期的时候都聚在一起。

平时李强和王刚什么玩笑都开，从来没有什么忌惮的。不过，有一次，李强却因为在不恰当的时候说了不恰当的话，惹怒了王刚，差点儿失去了最好的朋友。

王刚发生了交通事故，导致左腿骨折，不得不住进了医院。虽然他伤势不算太严重，但是毕竟经历了生死时刻，所以受到了很大的惊吓。而李强听说这件事情之后，立即打电话关心朋友。谁知电话一通，他竟然还是像往常一样调侃，说："哎呀，还能接电话，我还以为听不到你的声音了呢！"

听了这句话，王刚愣住了，大声地吼道："你就这么盼着我死吗？枉费我当你是最好的朋友，你真是太狠心了！我要和你绝交！"说完，他立即愤怒地挂掉了电话。

其实，再好的朋友，调侃也应该分时机和场合。王刚才经历了生死时刻，因为车祸而躺在医院，而他最好的朋友却说出这样的话，这也难怪他生气了。话语还是往常调侃的内容，但是因为时机不同了，场合不同了，就完全变了味道。即便是同一句话，如果放到不同的时机，那么也会给人带来不同的感受。

幸好李强认识到了自己的错误，立即请假回到了家乡，并诚恳地向王刚赔礼道歉，这才使得两人的友谊能够继续维持下去。

说话和做事一样，时机和分寸是非常重要的，要根据场合、对象、时机而定。在与人沟通的过程中，如果我们不懂得分清时机，那么不仅无法打动他人，反而会惹怒他人，使得沟通变得困难重重。同样的，在与人沟通的过程中，也要注意说话的分寸，千万不要在不合时宜的场合说出不合时宜的话来。

掌握对方情绪,获得成功最佳路径

著名成功学家林道安曾说:"一个人不会说话,那是因为他不知道对方需要听什么样的话;假如你能像一个侦察兵一样看透对方的心理活动,你就知道说话的力量是多么巨大了!"

与人沟通的过程中,仅仅有好的口才是远远不够的。如果你不能察言观色,从对方的表情和神态中看出其情绪的变化,那么就无法把谈话顺利地进行下去。当对方已经表现出不耐烦的神情时,你却依旧滔滔不绝地讲个不停,那么只能让对方感到更加厌烦。对方已经心不在焉、坐立不安了,你却拉着他讲大道理,那么即便你的话再合理,也无法引起对方的共鸣。

因此,我们在与对方进行沟通的时候,一定要观察对方的表情细节,掌握对方隐藏在背后的真实情绪和想法。只有准确地掌握对方的心理,我们才能判断对方是否对于我们的谈话感兴趣,是深深被吸引,还是早已想要逃离?

如果是前者,我们大可尽情地与之交谈,说出自己的想法。可如果是后者,那么我们就必须识时务地闭上嘴巴;否则,即便你再能说,也无法达到良好的沟通效果。

小孙最近遇到了一些困难,公司急需一笔周转资金。于是,他去拜访了一位关系非常不错的客户。这位客户和小孙合作十几年了,平时两人合作非常愉快,还成了不错的朋友。每次两人见面的时候,这个客户都会热情地招待小孙,还会拉着他聊个没完。

但是这次,小孙却发现这位客户显然有些心不在焉,脸上带有焦虑的神色,还时不时地低头看表。小孙意识到自己来得不是时候,客户肯定是有重要的事情要做。于是,他不仅没有说出自己的来意,还立即说:"我只是来看看你,接下来还有急事要处理,就先不和你聊了。"说完,小孙就告辞了。说完这句话后,他看到客户的神情立即放松下来,然后也跟随他出门了。

晚上的时候,小孙就接到了这位客户的电话。他非常抱歉地对小孙说:"小孙,非常不好意思。我知道你今天大老远来找我,肯定有事情要说。因为你没有重要的事情,是不会特意来我办公室的。但是我当时有急事要处理,所以才没有问你。现在我的事情已经解决好了,你可以说自己的事情了。"当小孙说出了自己的困难后,这位客户非常爽快地借给了他一笔钱,并且还给他介绍了几个不错的客户。

小孙真的很识时务,他看出对方有急事要处理,所以即便自己的事情也很紧急,还是选择了闭口不言,并立即离开。正因为如此,他的做法给对方留下了很好的印象,对方才会全力帮助他解决问题。

试想如果小孙不懂得察言观色,看不出客户的焦急,死缠烂打地央求客户帮助自己，那么结果会怎么样呢？相信他不但不能达到自己的目的，反而还会失去一个不错的合作伙伴和朋友。

由此可见，在与人沟通的时候，懂得观察别人的表情，掌握对方的情绪变化和心理状态，是我们高效沟通的制胜关键。所以，我们要仔细地观察他人的表情以及与表情相配合的动作等，在掌握对方心理的前提下，找准说话的时机。

比如，当你谈到某一话题，对方的表情突然变得不自然或是凝重，这就说明对方不喜欢这个话题，那么你就得马上转移话题了；当在交谈的过程中，对方不是皱眉就是左顾右盼，那么你就应该闭嘴，或是调整自己说话的方式了。因为这些动作显然是对你所说的话不感兴趣的表现。

当对方的表情比较轻松自然，比较愉悦，并且愿意积极回应你的问题时，说明对方非常愿意和你谈话，并且对所谈论的话题非常感兴趣，这时候，你就可以将谈话深入下去……

或许有人说，如果对方善于伪装，不希望被人看出自己的情绪变化呢？

其实，即便一个人隐藏得再好，其表情和神态也能流露出其真实的情绪。只要我们仔细观察，就可以看出对方的表情细节，从而获得成功沟通的途径。

识别情绪表情,掌握对方的内心

善于察言观色的人,都是具有高超沟通技巧的人,因为他们可以通过人们的言语、表情和动作来识别对方的情绪,从中分析出对方的心理活动,进而说出让人舒服的话。所以,这样的人通常都被人们称为善解人意的人,不管走到哪里都会受人欢迎。

在小陈心里,妻子丽丽就是一个善解人意的人,很多时候自己还没有说出口,她就可以知晓自己的心思。也正因为如此,他感觉到,自己在妻子面前就好像是透明的一样,什么谎话都无法逃过妻子的眼睛。

一个周末,小陈本来想要在公司加班,把快完成的策划案给做完。正在这时,小陈的老同学出差来这里,便约他和其他老同学聚一聚。小陈很长时间没有见这些老同学了,就非常高兴地前去应约了。本来他想给妻子打电话说自己要和老同学聚会喝酒的,可一时高兴,便忘记了这件事情。

由于妻子平时不太赞同小陈喝酒,所以聚会结束之后,他就没有直接回家,而是找了一个地方休息了一下午,等到酒醒之后才回家。

为了不让妻子察觉自己说了谎、喝了酒,他还特意把自己从头到脚好好地检查了一遍,确定身上没有任何酒味之后才进了家门。

看到小陈回家了,妻子关心地说:"你今天加了一天班,累不累?中午好好吃饭了吗?"

小陈怕妻子看出什么,便镇静地说:"嗯,今天加了一天班,感觉非常累。中午只是在外面吃了快餐,稍微吃了些东西。"

小陈刚说完,就想到洗手间冲个澡,以免妻子看出破绽。可妻子却叫住了他,微笑着看着他,然后慢悠悠地说:"你今天真的加班了吗?还是老实交代吧!到底去做什么事情了?"

这时,小陈心里有些慌张了,但还是故作镇静地说:"就是……加班啊!我……能去哪啊?"可语气明显有些迟疑,身体动作也有些僵硬,只是他自己没有发现罢了。

妻子静静地盯着小陈,似笑非笑地说:"哦,加班啊……要不我打电话问问你的同事?"

看妻子似乎早已知道了真相,小陈只好老实交代,说自己参加了同学聚会,忘了和妻子交代,并且还喝了一些酒。最后,他不解地问道:"老婆,你怎么知道我没有去加班,而是去了别的地方?你是不是跟踪我了,或是谁给你打小报告了?"

妻子"扑哧"一声笑了出来,说:"就你,我还需要跟踪你吗?我一看你说话的神态和动作就知道你撒谎了!"

没错,一个人撒谎的时候,说话的神态和动作都会发生变化,会出现一些连自己都无法察觉的微表情和微动作。如果两个人相处时间长了,或是观察够仔细,就可以轻松地看出对方的情绪变化,知道他是否撒了谎。

不仅仅是说谎,我们往往可以通过一个人说话的状态,包括语气、语速、语调,以及习惯性的小动作,比如摸鼻子、抿嘴巴等,来识别对方的情绪变化,从而知道他们正在想什么。

所以,在与人沟通的过程中,我们要通过观察别人的情绪表情,来了解他人的内心,如此一来,我们的沟通才能变得更加顺畅,说出来的话才能让人爱听。

那么,情绪表情究竟包括什么呢?

1. 语调表情

这就是我们所说的说话时声调和节奏的变化,比如声音的高低、语速的快慢和语气的强弱等。

我们可以通过对方声调和节奏的变化,来识别他们情绪的变化。当一个人高声尖叫,声音颤抖时,说明他非常惊恐;当一个人说话速度加快,并且语气非常重时,说明他此刻内心非常愤怒;而当一个人说话速度缓慢,并且语调低沉时,说明他的心情并不算太好,甚至有些悲伤、痛苦。

2. 面部表情

很多时候,我们的情感和情绪都是通过面部表情来展现的,而这也是非常容易被人发觉的。比如眉开眼笑,表示人们情绪非常好,心情非常快乐;愁眉苦脸,则表示人们有难过、麻烦的事情,心里比较悲伤。

当然,我们要观察的不仅是这些容易被发觉的表情,还有那些不易被发觉的微表情，比如眼神的闪烁、鼻子的轻微颤抖等。

3. 身体表情

身体表情和面部表情相似，都是人们在不同情绪下所展现出来的不同姿态和动作变化。

弗洛伊德曾经说过："凡人皆无法隐瞒私情，尽管他的嘴可以保持缄默，但他的手指却会多嘴多舌。"很多时候，这些身体表情都是无法控制的。即便再细微，我们也可以通过仔细的观察去发现它。所以，如果你想要了解对方的内心，就应该学会读懂他的身体表情。

沟通中，表情的变化也很重要

伟大的推销员乔·吉拉德曾经说："有些人拿着100美元的商品，开价10美元都难以卖出去，为什么？看看他的表情就知道了。要想将商品推销出去，自己的面部表情是极为重要的：它可以拒人千里之外，也可以使陌生人迅速成为你的朋友。"

我们可以说，在人际沟通中，表情对于人与人之间的交流实在太重要了。它不仅可以让我们了解对方的内心所想，还可以展现我们内心的想法和情绪，从而赢得对方的信任和喜欢，促使沟通顺利地进行下去。

当我们面带微笑的时候，对方就会知道这次谈话是愉快的，我们非常愿意和他交谈；当我们面无表情的时候，对方就会有如下的猜测：他是不是不愿意和我交流？我那句话是不是说得不对？如此一来，沟通还怎么顺利、愉快地进行下去？

同时，一个人的面部表情还影响着双方沟通的效果。试想，如果你面前坐着一个面无表情的人，那么你还有欲望和他沟通吗？答案当然是否定的。可如果你面前坐着一个面带微笑的人呢？相信很多人都愿意和这样的人沟通，因为微笑代表着善意、快乐。

一个小故事就足以说明表情在人际沟通中的重要性。

某次竞选中，两位竞选者展开了激烈的竞选大战。此时，心理学家们做了一个非常有趣的实验。

他们用录像机录下了有关选举的电视新闻，然后屏蔽掉了声音，把经过剪辑的片段播放给某大学的学生们看。在观看录像的时候，心理学家要求学生们给每一位播音员打分。

这些学生根本不知道实验的目的是什么，也听不到任何声音，所以他们只能按照每位播音员的表情来给他们打分。

试验结果显示：第一位播音员在播报第一位竞选人的消息时，表情非常消极，所以他的得分非常低；另一位播音员在播报另一位竞选人的消息时，表情非常积极，可以说是神采飞扬，所以他的得分非常高；而另外几位播音员在播报时，表情没有什么明显的差别，所以他们的得分也基本相同。

心理学家还发现了一个有趣的现象，那就是当要求给竞选者投票时，这些学生中，投票给第二位竞选者的人数远远超过第一位竞选者。

也就是说，虽然每个播音员都是如实报道，并没有直接发表自己对于竞选人的看法，学生们也听不到任何关于竞选者的事迹，但是播音员的表情还是影响了受众的选择。在第二位播音员播报新闻的时候，因为他的表情非常积极，所以深深地吸引了受众，让大部分学生对他以及相应的竞选者产生了好感,并且将选票投给了相应的竞选者。

所以,在人与人的沟通中,表情对于沟通顺利与否起到了极为重要的作用。我们可以通过表情的变化来展现情感和心理变化,甚至表情比言语更能明显地表达我们的情绪,更能感染与我们进行交谈的人。正因为如此,在人际交往中,想要赢得对方的信任和喜欢,促使沟通和谐、顺利地进行下去,我们一定要善于管理自己的表情,尽量运用积极的表情。

抓住对方的口头语，了解对方的性格特点

一位人类行为学家曾说过："人类有两种表情，一种是脸上所呈现的表情，另一种是说话时传达给对方的信息。"面对不同的环境和氛围，一个人的说话方式可能有所不同。但是从某种程度上来说，其语言习惯是无法改变的，尤其是习惯使用的口头语。

这些口头语往往是一个人无意识地脱口而出的。可正是因为如此，它才是人们潜意识的一种反应，可以暴露一个人对于谈话内容的真实态度，或是对于某件事情的真实看法。尤其是那些频繁被使用的口头语，则一定程度上可以反映出一个人的性格特点。它就像是打开对方心灵世界的密码一样，让我们能够知晓其不愿意显露的内心秘密。

比如，一个人的口头语是"可能""大概是""或许吧"，说明这样的人具有很强的自我防备意识，不愿意轻易表达自己的想法，更不愿意对于某件事情发表自己的言论。和这样的人交流，我们必须先博得他的信任，并且用足够的证据来证明自己的观点。

再比如说，一个人的口头语是"你先听我说"，说明这个人的自我意识非常强，而且性格比较急躁。他一方面希望别人能够重视和尊重他的意见，另一方面又有些强势，控制欲比较强，急于表现自己的想法。和这样的人沟通，我们最好给予他最大的自由，让他能尽情地表达自己的观点。而且如果你能够多征求他的意见，那么就会很快赢得他的信任和支持。

因此，在与人沟通时，如果我们想要提高沟通效率，就应该用心倾听，了解对方的口头语。如此一来，我们才能知己知彼，在一定程度上了解对方的性格特点，从而投其所好地让沟通顺畅、愉快地进行。

张凯是一家汽车销售公司的金牌销售，业绩年年都名列前茅。他为什么能做到这一点呢？因为他是一个善于察言观色，洞悉客户内心想法的人。尤其是他非常善于从客户的口头语来了解其个性以及脾气秉性，分析其内心的真实想法。

有一次，张凯遇到了一位前来购买汽车的客户。他先是向客户介绍了一款新型的高档汽车，然后就与客户交谈了起来。

在和客户交谈的过程中，张凯发现客户的口头语是"我听说""大家都这样说"。比如张凯介绍这款车的优势时，客户会说："我知道很多人都喜欢这款车，但是我听说……"再比如，当张凯谈及价格的时候，客户会说："你们的价格是最低的吗？怎么大家都说另一个经销商的价格比你们价格要低一些……"

听到了这些口头语，张凯觉得这位客户是一个见识比较广，但是缺乏决断能力的人。他喜欢听别人的意见，而且很多时候都没有什么主见。面对这样的客户，张凯认为，自己应该主动、强硬一些，拿出足够的理由，帮助这位客户做出决定。

于是，张凯一改之前温和的态度，直接对客户说："这一款车不管是从设计还是从性价比来说，都是同类车型中的佼佼者。您看，它的设计更加大胆，运动气息十足，而且空间也非常大。至于价钱方面，我们的价格绝对是所有经销商中最合适的。您是一个见多识广的人，这些不用我说您也一定有所了解。这样吧，我私下送您一些礼品，包括玻璃膜、行车记录仪等。您看行吗？"

看到客户已经有所动摇，张凯继续发动攻势，他接着说："这款车的安全性能是非常好的，而且可以实现'十秒加速到百公里'，绝对可以让您领略到不一样的感受。这样吧，今天我安排您试驾一下，让您体验体验。"

说完，张凯便开始安排试驾的事宜。结果，试驾的当天，这位客户就做出了决定，买下了这款新车。

这笔交易之所以能够轻松地达成，关键在于张凯通过客户的口头语，成功地了解到他是一个不善于决断的人。所以，张凯运用了比较强硬的说服策略，推动着客户做出判断和选择，这样才能在如此短的时间里与客户达成协议。

如果张凯没有听懂客户的口头语，只是滔滔不绝地介绍自己的产品，并且询问客户的意见，等待着客户做决定，那么他很可能会失去这次好机会。

口头语的形成看似随意，却是有迹可循的。而且它在一定程度上可以反映出一个人潜意识中的想法和其个性。因此，我们要善于倾听对方的口头语，并且分析其特点和潜藏的含义。如果我们能够通过这些口头语了解对方的性格特点，那么沟通就能变成轻松的事情。

捕捉眼神，知晓他人的内心

一个人的五官中最为敏感的就是眼睛，它也是最能反映人的内心情感的，其感觉领域涵盖了人类感觉领域的70%以上。或许人们的语言和表情可以伪装，但是眼神很难伪装，它在一瞬间就可以泄露人的情绪和心理变化。

这是因为，一个人瞳孔的变化、眼球的活动是受脑神经支配的，所以人们的感情和情绪可以通过眼睛反映出来。

可以说，眼睛是一个人的心灵之窗。我们可以从对方眼睛里流露出的信息知晓他的内心情感和情绪变化。所以，不管我们面对什么样的人，只要你善于捕捉眼神，就能看出对方的内心活动。

通过眼神来识人、看人的方式由来已久。三国时期，诸葛亮就通过观察一个人的眼神识别了其真实身份和动机。一天，一个陌生人来到刘备的住所，说是有要事求见。侍卫们见这个人面生，为了主公的安全，便在门口拦住了他。

谁知这个人却在门口大声喊叫起来："玄德公，众所周知，您是一个仁德爱才的人，为什么此时却把我拒之门外呢？"

侍卫们怕他闹事，便想要把他赶走。可是，他却不肯离开，还更加大声地叫喊起来："当今天下，三足鼎立，难道玄德公不想一统天下吗？可如果没有我的良策，恐怕玄德公只能偏安一隅，就别提让其他人俯首称臣了！"

刘备听说这人有治国良策，便立即让侍卫们把他请了进来，还亲自走到殿外迎接。此人见到刘备之后，先是寒暄恭维一番，之后便谈起了当前局势。刘备觉得此人非常有才能，见解也很独到，便打算予以重用。

正在这时，诸葛亮有事要禀告，刘备便立即请他进来，想要介绍两人认识。谁知，诸葛亮一进来，这人就立即起身说要上厕所，匆匆地离开了。尚未察觉的刘备还在诸葛亮面前极力夸奖此人，说他是不可多得的人才。

诸葛亮却说："主公，我看这人并非善类，他想办法见主公一定是有不可告人的秘密。"刘备半信半疑，说："不会吧。"诸葛亮接着说："这人一见我就脸色突变，神情紧张，尤其是眼神中带着一些紧张和不安，就连正视我都不敢。由此我可以断定，他一定心怀不轨，是个刺客。"

刘备听了大吃一惊，立即命令侍卫前去捉拿那人，可那人早就已经翻越院墙逃跑了。

其实，很久之前，亚圣孟子就曾说过："存乎人者，莫良于眸子，眸子不能掩其恶。胸中正，则眸子瞭焉；胸中不正，则眸子眊焉。"意思是，要想观察一个人，最好的方式莫过于观察他的眼睛，眼睛不能掩饰一个人的丑恶。如果一个人心胸坦荡、为人正直，那么他的眼神就异常清澈明亮；如果一个人心怀不轨、为人不正，那么眼神就会浊暗不明。

因此，在与人沟通时，我们必须时刻观察他人的眼神变化，因为它往往反映了对方对谈话的态度。如果对方眼神飘忽不定，那么就说明他已经对我们所说的话感到厌烦了，想要尽快结束这次谈话。如果你没有察觉到这一点，依旧自顾自地滔滔不绝，那么只能招来对方的反感。这时候，你最好选择结束话题，或是重新寻找话题。如果对方的眼睛绽放着光彩，那么就说明对方对我们所说的话非常感兴趣。这时候，你就可以继续按照自己的思路讲下去，并且还可以引导对方说出自己的想法。

总之，在与人沟通的过程中，一个人的内心可能是非常丰富多彩的，心理变化也是犹如云海观潮。不过很多时候由于种种原因，人们不愿意或是不方便用语言表达自己的内心情感和情绪。但是，这些可以通过眼神体现出来。

所以我们需要时刻捕捉他人的眼神变化，借以知晓对方内心的波动。我们只要能够做到这一点，那么与人沟通就不会出现问题，并且可以赢得他人的喜欢。

第五章

妙赞

——赞美恰到好处,谁听了心里都舒坦

沟通需要技巧,恰到好处的赞美就是一种绝妙的方法。不过,赞美并不是毫无原则地奉承,想要让人听了心里舒坦并且对你产生好感,那么赞美就必须是真诚、及时、恰当、自然的。

赞美，人际沟通最好的润滑剂

赞美是人与人之间沟通的润滑剂，是一种强有力的"武器"。如果你的赞美恰到好处，那么就会给别人带来欢乐，博得对方的好感，并且使得以后的沟通更加顺畅。这是因为几乎每个人都喜欢受到表扬，听到别人的赞美。

戴尔·卡耐基曾说："你想要跟你接触的人都赞同你，你想要别人承认你的价值，你想要在你的小世界里有一种自重感。你不希望受到没有价值、不真诚的阿谀，你渴求真诚的赞赏……所有的人都需要这些。"

时下很多年轻人喜欢发微博、发微信朋友圈，晒自己到哪里旅行了，晒自己的美妆、漂亮的衣服，晒自己可爱的宝宝……其实，这些都是为了满足自己的自重感。如果有人在他们的微博、微信朋友圈下面点赞，或是赞美一番，那么他们心里就会获得无比的满足。

而如果你想要增进与他人之间的关系，成为朋友圈中受人欢迎的人，那么只要寻找对方值得称赞的地方，然后真诚地给予赞美，满足他们的自重感就可以了。

老李是典型的北方人，退休之后跟随着儿子来到上海定居。由于离开了熟悉的环境、熟悉的朋友，再加上语言上的障碍，老李来上海好几个月了，也没有能够找到聊得来的朋友，所以他感到非常寂寞。

儿子看父亲整天一个人闷在家里，便劝他多到公园里去转转。老李生气地说："你以为我没有去逛啊，可是人家都有自己的朋友，我怎么融入呢？"儿子笑着说："其实想要交到朋友很简单，只要您多观察，适当地赞美别人就可以了。我们小区的老人都是有文化的人，喜欢下棋、看书之类的活动，您可以从这方面入手啊！"

听了儿子的话，老李决定去试一试。第二天，老李到了楼下的公园，看到几个同龄人正在下棋，便在一旁安静地看着。等到一局结束之后，他称赞胜者说："老哥哥，您的棋艺真是不错。最开始已经被对方逼近了死角，没想到竟然反败为胜了。"胜者看着老李说："您也懂棋？"老李谦虚地说："只会一点点，年轻的时候学过几年。当然没有几位老哥哥棋艺精湛啊！"

几个人纷纷说："什么精湛不精湛的，我们就是玩玩。以后你有时间的话，我们可以切磋切磋。"

就这样，老李开始经常和这几个人下棋、聊天，他时常记着儿子的话，时不时称赞他们，很快他就成了公园里很受欢迎的人。从此之后，老李再也不孤单了。

老李的赞美，让几位老人心里得到了满足，对老李的好感度自然就大大提升了，从而也拉近了彼此之间的距离。所以，不管我们身处什么地方，与什么样的人交往，都不要忘了赞美别人。一句简单的赞美,从我们嘴里说出来,也许并不算什么,但是对于被赞美者来说,或许具有着非常重要的意义。它可以让对方觉得自己是重要的,是受人欢迎的。只要我们能让别人觉得自己是重要的、出色的,那么很快就会"俘获"对方的心,你们之间的关系也会变得更加和谐。

或许有人会说,我可不愿意说恭维的话,这显得有些虚伪。其实,这完全曲解了赞美的含义。赞美并不是违背心意,也不是刻意讨好。它是对于他人优点和成绩发自内心的夸奖和肯定。恭维才是虚伪的,它包含着不可告人的目的,并不是发自内心的。

不管是与朋友相处,还是与陌生人交流,我们都应该真诚地赞美,而不是虚情假意地恭维。想要拉近彼此之间的距离,我们就应该善于观察,发现对方的长处,从而真诚地赞美对方。

总而言之,人人都应该学会真诚地赞美。赞美是我们对别人的尊重,也是我们送给别人最好的礼物。掌握好赞美的技巧,我们的人际关系会越来越和谐。

掌握赞美的原则

很多不善于沟通的人,总是有类似的苦恼:他人总是保持着一种戒备心理,与自己保持着一定的距离。正是这份距离感,让沟通变得困难起来。那么如何让对方消除戒心,拉近彼此之间的距离,实现高效沟通呢?

事实上,世界上最具有魅力的语言就是赞美。只要你懂得适当地赞美他人,让对方感到愉悦、舒坦,那么就可以拉近彼此的距离,使得双方的关系向前迈进一大步。

生活中,有很多善于赞美他人,善于利用赞美赢得他人喜爱的人。正是因为他们深谙赞美的力量,所以能够成为人见人爱的人,成为高明的沟通者。

魏霞是一家服装店的老板,生意做了十几年,越做越红火,而且很多老顾客都成了她的朋友。每当别人问她生意好、人缘好的秘诀时,她都会笑着说:"很简单,那就是多给别人适当的赞美,多给他们面子,让他们觉得自己非常重要、非常出色。"

的确,在面对别人的时候,魏霞就是这么做的。每当有顾客进门时，她都会立即起身迎接，脸上带着灿烂的微笑，然后真诚地说："欢迎光临。"当进门的顾客看到老板这么问候自己，肯定会觉得自己受到了重视和尊重，心中自然会非常愉快。

接下来，魏霞就会进一步赞美顾客，说："你看起来真漂亮！""你是我见过的最有气质的人！"当顾客试穿某一件衣服的时候，她会适时地赞美："这件衣服穿在你身上非常漂亮！""嗯，这件衣服穿在你身上才显得有价值！""你的身材把这件衣服的优势都体现出来了！"

听了这样的话，哪一个顾客的心情会不愉悦呢？哪一个顾客会不愿意和她沟通呢？

但是我们不要觉得有赞美就足够了，事实上，魏霞绝不会胡乱地给别人戴高帽，她会根据顾客的特点来进行赞美，比如身材、气质、举止等。遇到身材比较普通的顾客，她便会赞美这位顾客皮肤白、温柔、比较爱笑……就是因为赞美得体，让每一个顾客的内心都得到了满足，所以魏霞的店铺才会赢得顾客的喜欢，生意才会越做越红火。

在生活中，有很多人也喜欢赞美他人，但是由于没有把握好赞美的原则，只会胡乱夸奖别人，所以不仅没有让对方心情愉快，反而起到了相反的作用。因此，在与人沟通时，我们要掌握赞美的原则，如此才能让自己的话发挥更好的作用。

总体来说，讨人欢心的赞美一般都遵循以下几个原则。

1. 面对不同的人，要采用不同的语言方式

因为每个人的性格、生活习惯、身份有所不同，所以与人沟通的方式也存在着差异，我们要善于应变，对不同的人采取不同的赞美方式。

对于不同年龄的人，应该采取不一样的赞美方式：对于年纪比较

大的人，应该多采取间接、委婉的赞美，千万不要太露骨；而对于年轻的人则可以采用直接、热情的赞美。

对于不同性格的人，赞美方式也应该有所差别：面对比较严肃、低调的人，赞美的话要说得自然、朴实，点到为止；而面对张扬、外向的人，则可尽情地赞美。

2. 由远及近，从外到内

简单来说，就是先赞美这个人所处的环境，再一步步地推近目标，最后赞美这个人本身。这样一来，赞美才不会显得突兀，才能让对方更自然、轻松地接受。

比如赞美一个医生的时候，我们应该先赞美医生这一职业的伟大、高尚，赞美他们救死扶伤的精神，再赞美这个医生为所在医院做出的突出贡献，以及在业内的高超水平，最后赞美他的能力。

3. 态度必须诚恳

不管我们面前的人是谁，也不管我们要赞美他哪一方面的优势，态度必须诚恳，感情必须真挚。否则，即使你赞美的语言再华丽，也无法起到好的作用，反而会招来对方的反感。

英国专门研究社会关系的卡斯利博士曾说过："大多数人选择朋友都是以对方是否出于真诚而决定的。"如果你想要赢得对方的信任和欢迎，就必须给予真心实意的赞美，而不是虚假的恭维。

总之，想要高效沟通，拉近与交谈对象的距离，我们的舌头就要灵活起来，多说几句赞美的话。不过要记住一句话：掌握赞美的原则，得体又恰当的赞美才能改善双方的人际关系。

用细节赞美对方,更能打动人心

正所谓"良言一句三冬暖"。恰当的赞美,不仅可以表现出自己的涵养和友善的态度,还可以迅速博得对方的好感,缩短彼此间的距离,使双方的沟通进行得更为顺利。

然而,赞美是一门十分讲究的艺术。若不能掌握赞美的技巧,即便有赞美他人的心,最后的效果也不一定好。比如说,空泛而又浮夸的赞美,就很难让对方心生好感,反而还会让对方感觉虚伪、不真诚,甚至心生反感。而细节上的赞美,就要比空泛的赞美更加到位,更让人感到你的真情实意。

我们不妨看看这样两组赞美。

甲:"您的画真是太美了!"

乙:"您的画画得真好!我尤其喜欢河边那棵垂柳,画得非常传神,我都能感觉那柳条在微风中摇曳。用色也非常清浅,勾勒出清新明快的色彩,让人感觉到了春天的气息。"

如果是你,哪一个人的赞美更能打动你,更能让你体会到对方的真诚？不用问，当然是后者了。因为后者的赞美注重了画作的细节，即景物、用色，可以说是言之有物。而前者的赞美则太空、太假，给人客套、恭维的感觉，自然就无法达到打动人心的效果了。

所以，在赞美他人的时候，仅仅一句"你真不错""你做得真好"是远远不够的。范围太大、内容太空的赞美就等于没有赞美。想要打动人心，并且达到赞美的目的，我们就应该多说细节，明确地指出他人令你赞美的理由。

李倩是一家传媒公司的外联人员。她虽然工作时间不长，但是拥有非常广泛的人际关系，在业内受到了众多前辈和领导的夸奖和欢迎。有人说是因为她长得漂亮，也有人说她口才好，还有人说她懂得耍手腕。可事实上，她只是比别人多了一些小技巧。

她不仅比别人懂得赞美的技巧，更懂得赞美的价值。她总是能够从细节上赞美他人，从来不宽泛地赞美他人。比如同事买了新裙子，别人都夸"很漂亮""很适合你"之类的，可她却能在仔细地观察后说："裙子剪裁得体，完全把你纤细的身材勾勒出来了；颜色比较柔和，把你的肤色衬托得比较白……"

再比如和其他公司合作的时候，她善于发现别人的优点和长处，并且不吝啬自己的赞美。一次，李倩合作的对象是业内大佬级别的人物，那人听惯了别人的赞美和恭维，所以不太喜欢这种客套话。但是，这个大佬却非常喜欢李倩，因为李倩挖掘出了别人不知道的细节，并且给予了恰当的赞美。原来，大佬在寂寂无名的时候，策划过一则不算出名的广告。虽然这广告播出时间不长，却是大佬最中意的作品，也是让他迈入传媒界的跳板。所以,当李倩恰当地提起这则广告,并且给予赞美的时候,大佬感到非常惊讶和感动,认为她是真心实意地崇拜和赞美自己。

正是因为李倩善于赞美,并且把每一句赞美都落实到细节上,所以对方感觉她用心了,因此更愿意信任和接近她。也正因为如此,李倩才能在短时间内成为业内很受欢迎的人。

可见,在细节之处赞美他人,才是到位的赞美。不管任何人,都喜欢听到别人赞美自己,但是如果你只是宽泛地赞美对方,那么对方可能认为你只是客套,或是安慰他。如果你能说出对方值得赞美的细节,或是尽可能多地描述对方的优点,那么对方就会体会到你的真诚。

美国管理学家内梅罗夫博士曾经这样建议人们:"赞美他人的时候,最好要回忆某一特定情况,并描述出具体的行为。"

所以,即使说一百遍"你真漂亮",也不如一句"你的眼睛真美"更有效果。想要高效沟通的人,应该多掌握赞美的技巧,多在细节上下功夫。

通过第三方，表达你的仰慕之情

每个人都喜欢别人的赞美。当人们得到他人的赞美时，荣誉感和自尊心都会得到满足，就会产生一定的愉悦感，从而对赞美者产生亲切感和好感，更愿意和赞美者交谈和来往。

所以，赞美是人们拉近与他人心理距离的关键，也是赢得被称赞者好感与信任的关键。不过，赞美也是有技巧和学问的。与当面赞美他人相比，换一个方式，借第三方的口来表达你的赞美，更容易达到良好的效果，对方也更容易感受到你的真诚。

这是因为当面赞美难免有恭维、讨好的嫌疑，可能会引起别人的反感。而在人们的观念中，第三方的话往往是比较公正、客观的。

比如，在职场上，如果你当面赞美上司，那么上司或是同事就会认为你是在讨好上司，拍上司的马屁。可是如果你在上司不在场时，或是与同事、客户闲聊时，真诚地赞美上司，夸奖他的才华或是能力，那么效果就会不一样。

王丽是一个公司的员工，平时工作很努力，表现也不错。前段时间,老板提升她为部门主管,为此她感到非常高兴。不过,她也有些疑惑,因为自己来公司时间并不长,怎么就受到了老板青睐呢?

后来她才知道,原来是自己对于老板的赞美起到了作用。有一次,她和客户闲聊,正好说到了老板。王丽当时非常真诚地说:"我们老板这个人真是不错,有才华、能力不说,对我们这些员工也非常好。"

结果,这位客户在与老板会面的时候,就谈到了王丽对老板的赞美,这让老板感到非常欣慰。于是,老板对她有了很好的印象,再加上她平时工作努力,表现突出,便提升她当了部门主管。王丽做梦也没有想到,自己对于老板的赞美竟然传到了他耳朵里,还让自己获得了大好的机会。

或许有人会说:"我当着第三个人的面赞美他人,万一这赞美的话传不到他的耳朵里,怎么办?那么赞美岂不是无法起作用。"其实,你根本不需要有这样的担心,因为这个世界上有很多喜欢传话的人,你的赞美很快就会传到他的耳朵里。更何况,我们赞美别人的目的并不是要讨好别人,为什么非要让别人知道呢?如果抱有非要让别人知道的想法,那这样的赞美与恭维又有什么区别呢?

喜欢听好话,是人们的天性。如果我们听到别人在背后夸自己,肯定会很高兴。《红楼梦》中有这样一段情节。

一天,史湘云和薛宝钗劝贾宝玉去考取个功名,将来好做大官。贾宝玉对这样的话非常反感,于是便对着她们说:"林姑娘就从来不和我说这样的混账话。如果她说这样的话,我早就和她生分了。"

这番话正好被从窗外路过的林黛玉听见。林黛玉听到贾宝玉这样夸奖自己，自然感觉又惊又喜，心中对贾宝玉的好感也增加了不少。从此之后，两人的感情越来越好。

可以说，通过第三方来表达自己的赞美之情，是间接赞美的一种方式。这种赞美的方式，要比直接赞美更具有神奇的效果。虽然这种间接的方式比较迂回，但是比直接赞美的方式更具有"杀伤力"。

赞美要及时,时过境迁就没有效果了

人们都知道,赞美能够激励一个人不断进步,让他爆发出无尽的潜能;赞美能够消除人与人之间的陌生感,让彼此的关系越来越亲近。可并不是所有的赞美都拥有如此神奇的效果,一旦你的赞美过时了,那么效果就会大打折扣。

很多人从来不吝啬对于别人的赞美,可有时却不懂得把握恰当的时机。比如同事取得了成绩,他没有立即给予赞美和恭喜,反而过了一段时间之后才兴奋地说:"哎呀,听说你做出了不错的成绩,真是太厉害了!相信凭借你的才华,你肯定会很快升职加薪的。"他觉得自己是赞美别人,可同事心里恐怕会有不一样的想法:"这都已经是过去的事情了,他为什么会突然夸奖我?是不是有所企图?要是真诚的话,为什么不当时就恭喜我?"

所以,赞美也是讲究时效的,及时的赞美可以起到事半功倍的作用,让他人立即产生荣誉感;而过时的赞美就显得缺乏真诚,也不会有什么积极的效果。

小钟在一家公司工作了两年，之前表现平平，也没有什么干劲。可最近一年他的表现却非常突出，而且总是神采飞扬的，工作起来干劲十足。小钟为什么会出现这种转变呢？是因为公司换了一位部门经理。

之前的部门经理平时总爱板着脸，一副严肃认真的样子。他总是爱批评下属，一旦下属出现了错误，就会立即劈头盖脸地骂一通。虽然他也时常表扬下属，可总是过了一段时间才对下属说一些夸奖的话，根本起不到激励的作用。

一次，小钟所在的小组拿下了一个大项目，为公司赢得了丰厚的收益。小钟和同事们非常兴奋，认为经理这次肯定会赞美和奖励他们。谁知，这位经理却没有任何表示，这让小钟和同事们失望了很久。直到几天后，经理才在部门会议上提到了这件事情，说："上次小钟那组表现非常不错，拿下了这么大的项目，真是值得表扬！我们都应该向他们学习！而且我会向公司申请给予他们奖励，提高他们的年终奖金。"可这时，小钟和同事们已经没有了当初的兴奋劲。

正因为这位经理总是批评下属，却没有及时赞美和表扬他们，大家的工作劲头都不高，业绩也不太突出。所以，公司领导决定另请高明，把这位经理给辞退了。新来的经理与之前那位经理完全不一样，他总是能够及时赞美和表扬下属，即便只是一点进步，他也会大声说："小钟，这个活做得真不错！""小李，文件做得比上一次好多了！"及时的赞美让下属们感到前所未有的振奋，自尊心得到了充分的满足，所以情绪非常高，干劲十足。结果，短短半年时间，部门的业绩就增长了20%。

由此可见，要想激励他人，仅仅学会赞美是远远不够的，我们还要懂得赞美的技巧。当他人做出成绩，或是表现良好的时候，要及时地给予赞美；当我们发现了别人的优点，那么就不要犹豫，立即把自己的想法告诉他。

千万不要等到时过境迁才想起赞美别人，因为赞美如果过时了，即便你再真诚，语言再华丽，也无法达到良好的效果。

与批评相比,赞美更有力量

很多时候,我们在面对朋友、家人、下属的错误时,往往会采取批评的方式,希望他们改正错误,做出正确的选择。虽然我们的出发点是好的,是为了对方着想,但是往往无法获得预期的效果。

因为每个人都是有自尊心的,都不愿受到别人的批评。即便他们明知道"良药苦口利于病,忠言逆耳利于行"的道理,也会因为听了别人批评的话语感到不舒服。尤其是那些太过严厉的批评会让人受到打击,甚至产生排斥的心理。

如果在与人的沟通中,我们没有注意到这一点,时常把批评的话语作为口头禅:"你不应该这样做……""你这样做是错误的……"这样就很容易会与他人产生距离感,从而给沟通带来不必要的障碍。

但是,如果我们能够在"苦药"外面抹上一层"糖衣",即在批评他人之前先给予一定的赞美,那么不仅可以让对方更容易接受,达到我们劝服他人的目的,还可以抓住对方的心,赢得他们的喜欢。

西斯·罗伯特是一家印刷厂的老板。他善于把批评夹在赞美中,所以员工们很乐意接受，他也受到了员工们的欢迎。

有一天，西斯·罗伯特收到顾客的投诉，说这一次交货的图书质量非常差，影响了图书的销售。罗伯特调查发现事情果然如此，而这一切都是一位新员工的马虎造成的。

罗伯特找到了车间主任，希望他能提醒这位新员工，避免出现同样的错误。谁知这位车间主任严厉地批评了这位新员工，说他工作不认真、粗心，如果再不认真工作就要受到严厉的惩罚。

这一顿批评让这位新员工感到非常委屈，而且信心受到了严重打击。其实，这位新员工并不是工作不认真，只是刚工作不久，还不太熟悉操作流程，所以才会出现这种失误，导致大部分产品不合格。

得知此事之后，罗伯特找来了这位新员工，并且对他说："小伙子，你的干劲非常足。如果我们的员工都能像你一样有激情，那么我们印刷厂就无人能比了。我希望你能好好干下去。"

然后，他又真诚地对这位新员工说："不过你作为新员工还应该把技术练熟练，这样一来，才能做出更好的成绩。你说是不是？"

听了老板的话，新员工非常感动，因为他没有想到自己犯了错误，反而还受到了夸奖。从此之后，他苦练技术，并且更加热情地投入工作，没过几年就成了印刷厂的骨干。

看吧，同样是批评他人，罗伯特和车间主任的话却得到了截然相反的结果。罗伯特看到了新员工的不足，但是也看到了他有干劲这一优点，并且在批评他之前先是赞美了他的干劲和激情。正是因为如此，这位员工才一扫之前的委屈，更加努力地工作下去。

试想一下，如果罗伯特像车间主任那样选择直接批评，那么对方不仅会更委屈，工作的激情也会受到严重影响。

可以说，把批评夹在赞美之中，是高明的沟通技巧，也是高情商者的说话之道。虽然这种做法比较委婉、间接，但是比直接的批评更加有效。

这是因为，在批评他人之前赞扬对方的优点可以减少批评的负面效应，消除对方的排斥心理和沮丧心情，从而可以让对方更愉快地改正自己的错误。要知道，每个人的内心都是渴望赞美的，并且对于批评有排斥心理。当他们听到别人的赞美之言时，会很高兴；可听到批评的话语时，就会产生不服气或是不满的情绪。

正因为如此，我们要懂得赞美的妙处，用赞美这层"糖衣"来包裹批评这一味"苦药"。这样一来，我们的批评将更有效果，并且还能俘获人心。

第六章

妙趣横生

——善用幽默,全世界都可以和你很契合

卡耐基曾说过:"关于沟通,除了词汇之外,最重要的就是'趣味'!"幽默的语言具有强大的感染力,可以让我们在与人沟通时更顺畅、和谐。因此,不管你身处什么场所,与什么样的人交谈,都可以善用幽默让自己变得更有趣。你会发现,你将拥有好人缘,全世界都可以和你很契合。

用幽默巧解尴尬困局

幽默有时真的是一种智慧。只要你灵机一动，运用好这一有趣的语言技巧，不但可以让自己获得别人的喜欢，而且可以化解尴尬的处境。

在与人交往的过程中，我们常常会因为别人的故意刁难，或是因为话赶话而陷入尴尬的处境。如果我们生硬地反驳对方，就可能陷入争吵，甚至破坏彼此之间的良好关系。可如果我们不予回答，恐怕就会让自己更加尴尬，丢了颜面和自尊。

这时候，幽默的语言无疑就是我们化解尴尬的灵丹妙药。它既可以让我们自己走出困境，又可以避免发生冲突。

庄严和王瑞是大学同学。庄严身材高大，非常帅气；王瑞就显得有些瘦弱了，而且个子也不太高。但是，毕业后，却是王瑞事业有成，还娶了个漂亮高挑的妻子。庄严有些不平衡："他那么普通，凭什么还能爱情、事业双丰收？而我这么优秀，为什么却过着普通的生活？"

一次，很久不见的几位同学聚在一起吃饭聊天，庄严就想讽刺王瑞几句，让他难堪。他故意酸溜溜地说："王瑞，你真是上辈子拯救了银河系啊！这么矮的个子，竟然娶了那么高的妻子，你们要是走在一起的话，回头率肯定是100%啊！"

同学们一听这话，立刻都愣住了，气氛也变得非常尴尬。这时，王瑞却并没有生气，反而微笑着说："是啊，我就是上辈子拯救了银河系，才娶了这么美丽大方，身材又好的妻子。我真是太幸运了！不过，你没有听过一句话吗？浓缩的都是精华。别看我身材矮小，但是我是精华啊！所以，我才能实现事业和爱情双丰收的梦想啊！"

听了这话，同学们纷纷哈哈大笑起来，也附和道："是啊！浓缩的都是精华，王瑞就是成功男人的典范啊！"一时间，尴尬的气氛一扫而光，同学们又开始天南海北地聊起来了。

其实，王瑞知道庄严是故意讽刺自己，想要让自己在同学们面前难堪。但是面对这样尴尬的处境，他并没有直接反驳，而是用幽默化解了自己的尴尬，同时还避免了同学聚会不欢而散。可以说，王瑞是一个情商很高的人，也是一个懂得幽默的人。

一个幽默的人，必定是一个宽容善良又反应灵敏的人。即便是陷入尴尬的困境，即便是面对别人不怀好意的挑衅，他也能够用妙趣横生的方式给予回应。

幽默不仅可以点亮一个人的生活，还可以让一个人赢得大家的喜欢。幽默不仅是高级的说话之道，也是一种与人沟通的智慧和素养，更是化解尴尬的绝佳利器。它不仅会让我们自己免于陷入尴尬之中，还可以避免让别人尴尬。所以，当我们毫无预警地陷入尴尬境地的时候，应该善用幽默的语言，让它来化解自己的尴尬。

善用幽默,大事化小,小事化了

与人沟通的时候,我们难免会因为言语不当激怒别人,导致双方针锋相对地争执和冲突。但是,事后仔细想一想,这些争执和冲突完全是可以避免的。只要一方稍微做出让步,或是缓解一下紧张的氛围,那么就可以大事化小,小事化了。

想要化解争执和冲突,控制好自己的情绪,把握好自己的说话方式,是首先要做到的。但是,很多时候,对方还在气头上,想要对方消除火气是不太容易的事情。这个时候,幽默的语言就是最佳的选择。如果我们让自己的舌头变得灵活一些,把说出的话变得诙谐一些,那么就可以让对方笑着"熄火"。

可以说,幽默的语言真的具有一股神奇的力量,可以有效地减少人们之间的摩擦和冲突,消灭对方的怒火。很多时候,双方明明已经剑拔弩张了,冲突一触即发,可是一旦一方说出了诙谐有趣的话语,这火气就会瞬间消失。

在日常生活中,用幽默的语言化解冲突的例子比比皆是。

早高峰的公交车上,挤满了急于上班的人。再加上天气炎热,所以每个人的内心都非常烦躁。

突然一个急刹车,一个年轻的男士踩了一个漂亮的女孩一脚。这个女孩"哎哟"一声,没好气地说:"注意一点儿,你踩到我了!"

看着这个女孩烦躁的神情,年轻的男士立即道歉:"实在不好意思!都怪我,因为车子急刹车,所以我没有站稳。真是对不起啊!"

年轻男士的道歉并没有让女孩消火。她继续抱怨道:"这么大的空间,你竟然踩到了我。我这皮鞋是新买的,现在都被你踩得变形了。你没有长眼睛啊?"

听了这话,年轻男士也发火了。他说道:"你怎么这么说话呢?我不是道歉了吗?你怎么还骂人呢?要不你也踩我一脚!"

女孩依旧黑着脸,不依不饶地说:"你踩别人还有理了?你这人真是太不讲道理了!"

大家怕两人会越吵越激烈,便纷纷劝说:"都冷静一下,两人都退让一步。"这时,年轻男士也意识到自己的态度不对,随即笑着说道:"你看,我本来就不占理,拿什么和你讲理呢?所以,还请你大人大量,原谅我的过失吧!"

女孩一听,"扑哧"笑了出来,心中的怒气也随之消失了。随后,她也发觉自己态度不好,便说:"对不起,我也有不对的地方。明知道是突然刹车的原因,却一直揪着你不放!"就这样,一场矛盾就被幽默的语言轻松化解了。

有人曾这样说过:"在争论这件事情里,没有任何人能成为赢家。

争论输了,当然你就输了;但若是争论赢了,其实你还是输了。"这话非常正确。在争执的过程中,即便是口舌占了上风,又能给我们带来什么好处呢?或许还会激化矛盾,甚至导致大打出手。

所以,当你与人发生冲突时,幽默的语言是最好的利器。它可以让道歉变得更有效,让生气的人哑然失笑,从而缓解剑拔弩张的气氛。

幽默是最好的"灭火器",更是人际关系的"润滑剂"。当我们惹怒别人,或是做出不适当的行为时,它就如同灭火器一样,可以降低别人的火气,把冲突大事化小,小事化了。同时,如果你是一个幽默的人,善于运用幽默的语言来化解人际矛盾、冲突,那么你的言谈举止就能够吸引更多的人,从而为自己的高效沟通铺平道路。

别怕自嘲,做一个幽默的人

时下,很多人都喜欢自嘲,拿自己的缺点或是不足来开玩笑,比如在微信朋友圈晒自己做的"暗黑料理",或是说自己是笨笨的、懒懒的"猪猪女孩"。而实际上,这些自嘲的行为,不仅没有招来别人的反感,反而赢得了很多人的喜欢,让这些喜欢自嘲的人成了备受欢迎的宠儿。

自嘲的形式无非两种:一是嘲笑自己的短处和不足,一是嘲笑自己的失误。也就是说,人们不再遮掩自己做过的傻事,而是运用夸张、开玩笑的方式巧妙地说出来。与其说这是在博别人一笑,不如说是安慰自己,鼓励自己勇敢地面对自己、改变自己。

其实,自嘲是一种幽默,也是一种智慧。它表面上是贬低自己,实际上是一种为自己解围的聪明的做法,可以保护自己。尤其是遇到尴尬的事情时,这种自嘲的方式要比直接辩驳更加有智慧。它不仅可以缓解尴尬的气氛,避免让自己出丑,还可以让别人见识到自己的宽容和幽默,从而赢得别人的尊重。

更为重要的是，自嘲要比夸耀自己、往自己脸上贴金更能让人产生好感，也更受人欢迎。

很多成功的人都喜欢自嘲，用幽默的方式来调侃自己。当代著名作家、散文家、诗人林清玄就是一个幽默风趣的人，也是一个善于自嘲的人。

林清玄的文字优美清丽，可是他的长相却很一般，时常有人说他长得其貌不扬，但是他丝毫不在意，还时常拿自己的相貌开玩笑："有人说我长得像电影里的火云邪神。今天我就站出来，让大家来看看，我到底像不像火云邪神？"这样幽默的话语，总是能赢得人们热烈的掌声，并且让人们对他产生更多的好感。

这就是高情商者的自嘲，这就是聪明者的幽默。林清玄的一番自嘲不仅赢得了人们的喜欢，更凸显了他的心胸、气度，让人肃然起敬。

我国近代著名画家张大千也是非常懂得自嘲艺术的人，曾多次凭借着幽默的语言，化解了尴尬的气氛。

一次，张大千从上海返回老家四川，一些好朋友为他践行，京剧大师梅兰芳也被邀请作陪。宴会开始后，大家开始安排座次，并且纷纷让张大千坐首座。这时，张大千却笑着说："首座应该是梅先生的，因为他是君子，我是小人，我应该坐末座才是。"

看大家面面相觑，张大千立即解释说："中国有句俗话'君子动口，小人动手'。梅先生是唱戏的，动口；而我是画画的，是动手。所以，我们理应请梅先生坐首座。"

张大千一席话毕，满堂宾客为之大笑，最后安排张大千和梅兰芳并排坐了首座。张大千说自己是"小人",看起来是自嘲,其实是对梅兰芳的尊敬。他的这番话既体现了他的幽默,又反映了其胸怀和气度。

事实上,在与人沟通的时候,最容易博得他人好感的,并不是那些喜欢夸夸其谈,往自己脸上贴金的人,而是那些坦然地接受自己的缺点和不足,敢于拿自己开玩笑的人。因为当你拥有自嘲的胸襟时,别人的眼光和评价就变得无足轻重了。你以幽默的方式自嘲的同时有意识地抬高了别人,别人的心里就舒服很多,从而更愿意和你交往了。

所以,不妨自嘲一下,掌握了这门技巧,你会发现自己变得更受欢迎。

高级的幽默，就是让所有人都觉得有趣

在与人沟通的过程中，适当地幽默一下，可以活跃紧张的气氛，拉近彼此之间的距离。可是，幽默也是有讲究的。你开玩笑，就应该让双方都笑出来，让彼此都感觉轻松。一旦只有你自己觉得好笑，对方却感到尴尬或是不舒服，那么你的话语就不是高级的幽默，顶多只能算是低级的幽默，是愚蠢的人的自娱自乐。

可是，生活中还是有些人经常把一些低级的玩笑，或是拿别人开涮当成幽默。这些人完全不顾及别人的感受，以开玩笑为借口，借机对他人冷嘲热讽。结果，他们说出来的话不仅无法让别人发笑，反而招来了别人的反感，让气氛变得越来越尴尬。

李琳和萧萧是同一家公司的同事，也是很不错的朋友，还合租了住处。平时两人的关系非常好，经常一起上、下班，一起逛街、游玩。

一次，公司组织员工到海边游玩，每个人都非常兴奋，说要痛痛快快地游泳。正当大家谈论海边漫步、看日出、游泳的时候，李琳突然笑着说："萧萧有一个秘密，你们肯定不知道。"

李琳平时就特别幽默,喜欢说一些段子,开一些同事的玩笑。于是,大家都知道她这是要开始活跃气氛了,便都纷纷要她爆料。萧萧觉得李琳肯定会开玩笑说自己身材有些胖、大腿比较粗之类的,便笑着说:"什么秘密?你小心说话,不然别怪我不客气。"

谁知李琳竟然说:"萧萧的后背上有一块胎记,形状像一只青蛙。等她换上了泳衣后,可就藏不住了。"

萧萧是一个女孩子,又是在这么多同事面前,顿时感觉颜面全无。她立即红着脸说:"你怎么能暴露我的隐私?!"

可李琳却没有意识到自己的话过分了,继续笑着说:"你不用遮掩了,我们住在一起,我早就发现了。一块胎记而已,让大家看看它到底像不像青蛙,不是很有意思吗?"

话音刚落,大家都哈哈大笑起来。可是,萧萧却一点都笑不出来,脸色铁青地坐在那里。事后不久,萧萧不仅搬离了和李琳合租的地方,还从公司辞职了。

显然,故事中的李琳是不懂幽默的。她只顾自己开玩笑,却没有顾及萧萧的面子和自尊心,以至于让萧萧觉得自己受到了伤害和侮辱,也因此失去了这段珍贵的友谊。真正懂得幽默的人绝不会像李琳这样,因为他们知道:只顾自己开心却不顾及别人的感受,只是低级的玩笑,根本算不上什么幽默。

李琳没有把握好幽默的尺度,所以不仅无法达到活跃气氛的效果,反而还让一段原本友好的关系破裂,甚至让对方心生怨恨。

而真正高级的幽默是具有智慧的。它是一种高层次的语言艺术和思维智慧，是以轻松愉快的形式、诙谐幽默的语言来活跃气氛，取悦自己和别人。更重要的是，真正幽默的人是具有高尚的人格魅力的。他们绝不会为了取悦自己而拿别人的缺点开玩笑，更不会借用幽默的名义来嘲讽他人。

所以，如果我们想要成为高效的沟通者，就应该弄清楚幽默和低级玩笑之间的区别，不要为了取悦自己，而做出伤害别人的事情。在与他人开玩笑的时候，我们要注意几点，以免不小心过界，把玩笑变成了讥讽或嘲笑。

1. 玩笑应该是善意的

善意的玩笑才能让人感到幽默，让人听了之后会心一笑。而那些恶意的玩笑，则是对他人的不尊重，更是没有修养和道德的体现。所以，我们在与他人开玩笑的时候，一定要心存善意，不能揭露他人的隐私，更不能诋毁他人。

2. 玩笑的内容应该高雅而轻松

让人会心一笑的玩笑，其内容一定是健康积极、高雅而又轻松的。那种低级下流的玩笑，只会降低一个人的格调和档次，让人感到不舒服。所以，开玩笑的时候，我们一定要注意选择高雅的内容，避免成为一个庸俗、低级的人。

俄罗斯作家赫尔岑曾经说过："笑，绝不是一件滑稽的事。"而英国大文豪莎士比亚也有同样的看法："笑要有智慧，幽默不单是要单纯逗乐，还要排斥庸俗。"

3.把握好彼此的亲疏关系

很多时候,有人分不清亲疏关系,时常对并不熟悉的人开玩笑,而且还是那种尺度比较大的玩笑,结果对方不仅觉得不好笑,还被惹恼了。

事实上,玩笑的尺度通常是和交情的深浅成正比的。如果是你不熟悉的人,最好不要开玩笑。一旦尺度掌握不好的话,将会对彼此的沟通产生不良的影响。

4.开玩笑也要分性别

开玩笑也是分性别的,有时同性之间可以接受的玩笑,异性之间就很难接受。尤其是男性在和女性开玩笑的时候,如果掌握不好尺度,就很容易造成误会,导致关系的破裂。

幽默，增进友情的助推器

可以说，幽默简直就是与人沟通的法宝，更是增进友情、顺畅沟通的助推器。所以，为了达到良好的沟通效果，不妨对朋友使用一些愉悦式或哲理性的幽默，或是一些自我解嘲式的幽默。这样一来，不仅可以让我们自己的生活变得多姿多彩，还可以让对方进入我们的幽默世界，从而建立良好的人际关系。

当然了，幽默和戏弄并不是一回事，两者之间有着明显的区别。实际上，戏弄也会让人发笑，但是大多时候只能让戏弄者一个人发笑，对方则很可能笑不出来，甚至还会恼羞成怒。但是幽默就不同了，幽默的语言往往是智慧和风趣的体现，会让朋友之间多些轻松和愉快，从而更增进彼此之间的感情。

作家海涅和朋友梅厄都是非常幽默的人，他们时常会用一种幽默的方式来与对方沟通。而这样的沟通方式也让他们友情更加深厚，并且还增添了生活的乐趣。

一天，海涅正在写作，突然被一阵急促的敲门声打断，原来是朋友梅厄给他寄来了一个包裹。海涅因为思路被打断，内心有些不太痛快，于是便不耐烦地打开了包裹。谁知，这包裹裹着一层又一层的纸，最后却只有一张小小的纸条。纸条上面写着几句话：亲爱的海涅，我现在非常健康和快乐。同时，衷心地祝福你健康而又快活！你的朋友梅厄。

海涅知道朋友梅厄是在捉弄自己，顿时感觉又好气又好笑。生气的是，梅厄的这一包裹打断了自己的创作思路；而好笑的是，这写着短短几句话的纸条竟然被层层包裹起来。可是他又不禁被朋友的行为所感动。他知道，梅厄是因为担心自己沉迷写作太疲倦了，所以才要了这个小把戏。此时，他深深地感到被朋友惦念和关心的幸福，于是决定也和朋友开一个小玩笑。

几天后，梅厄也收到了海涅邮寄过来的包裹。这个包裹非常重，以至于梅厄得找一个人帮忙才把它抬回了家。梅厄非常纳闷，想着海涅究竟给自己寄了什么东西，竟然这么重。

最后，等到他打开包裹之后才发现，原来里面是一块大石头。石头上也只有一张纸条，上面写着：亲爱的梅厄，我收到了你写给我的信。知道你又健康又快活，我心里的大石头终于可以落地了。现在我把它寄给你，不仅表示我对你的爱和感谢，还表示我对你的思念。

看吧！海涅和梅厄运用幽默的方式和诙谐的语言，不仅表达了对好友的关心和问候，还加深了彼此的感情。

或许有人会说，那些善于运用幽默的人都是口才好、情商高的人，我们平常人怎么能灵活地运用幽默的语言呢？又怎么能保证给朋友带来欢乐，而不是惹怒朋友呢？

其实，只要我们善于发现生活中的小情趣，注意自己说话的方式，就可以学会用幽默的方式沟通。但首先我们应该知道，幽默是友善的，目的是促进与朋友之间的友情，而不是捉弄和嘲笑对方，否则就会伤害到彼此之间的感情。

同时，幽默虽然表现在语言的调侃上，但是体现了一个人的智慧和修养。我们千万不要不懂幽默却故作幽默，以至于说出了过分的话而不自知。尤其是异性朋友之间的沟通，千万不要涉及敏感问题，否则即便你的语言再诙谐，也达不到良好的效果。

面对紧急情况，幽默让你游刃有余

幽默是一种智慧，它的最高境界就是展现语言的智慧。我们知道，在人际交往中，它所起到的作用是不容小觑的。它不仅可以营造出一种轻松愉快的氛围，让人赢得别人的喜欢和尊敬，还可以缓解尴尬，调解人与人之间的冲突。

同时，幽默还是一种实用、有效的沟通技巧，能够让人在面对紧急情况时急中生智，化解自己所面临的困境，从而解决问题。生活中有很多情商高的人，他们往往就善用幽默的语言来应对紧急情况，做到游刃有余。

有这样两则小故事足以说明。

餐厅内，一位客人正在用餐，突然发现汤里有一只苍蝇。他立即叫来了服务员，高声地质问道："请问，我的汤里为什么出现了一只苍蝇？"

服务员知道，在这种情况下，不管自己怎么解释和道歉，都无法改变汤里有苍蝇的事实。如果自己过多解释，顾客反而会认为自己是在狡辩，更会引起顾客的怒火。于是，他决定运用幽默的语言来解决问题。只见他仔细地看了看,回答道:"先生,它正在您的汤里仰泳。不过显然您不喜欢它这样做,我会立即给您换一份。"

顿时,餐厅里的其他顾客都被逗笑了,这位顾客也被逗笑了,没有再追究下去。

饭菜中出现苍蝇,绝对是餐馆的错误。如果不能很好地解决这个问题,必将引起顾客的不满,甚至还会招来更多的麻烦。但是,服务员却用幽默的话语,轻松地解决了这个问题,避免了问题的扩大化。

无独有偶,同样是在一家餐厅里,也出现了类似的情形。

一位刚刚点完菜的顾客一脸不满地叫来了服务员,他指着自己点的那只龙虾问道:"请你解释一下,为什么我的龙虾会少了虾螯?"

服务员显然被问愣了,因为他从来没有遇到这样的情况。不过,他随即就反应过来了,满怀歉意地说道:"这位顾客,对于这件事情我们感到非常抱歉。不过,您知道,龙虾是一种非常凶残而又好斗的动物。这只龙虾可能在下锅前和其他龙虾争斗过,结果由于它战败了,所以被对方咬掉了一只螯。它当时肯定感觉非常痛苦。"

听了服务员的话,这位顾客立即笑了起来,脸上的怒气也消失不见了。他对服务员说:"既然如此,你为什么不给我拿战胜的那一只呢?请你帮我调换一下,我想要那只胜利的龙虾。"

服务员觉得顾客的怒气已经消了,便笑着说:"现在这只龙虾已经做熟了,请您尽快享用。这道菜您可以享受八折优惠。下次我一定给您那只胜利的龙虾。"听服务员这么一说,顾客没再说什么,赶紧动起了筷子。

这两个故事中的服务员都是聪明的人，面对顾客的质问与剑拔弩张的气氛，他们没有慌张，也没有着急为自己辩解，而是运用了幽默诙谐的语言，让气氛瞬间变得轻松活跃起来。正是因为气氛发生了改变，所以问题也顺利解决了。

当然，这两位顾客也是具有幽默感的人，所以在服务员用幽默的语言进行调侃的时候，他们听懂了服务员的幽默，并且不再继续纠缠原本的问题。所以，矛盾和冲突才能被巧妙地化解。

可见，幽默真是一门智慧的艺术。不管是得体的玩笑，还是诙谐的调侃，都具有让人无法拒绝的魅力。它不仅可以帮助我们拉近人与人之间的距离，还能够帮助我们缓解人际交往中出现的冲突，在取悦别人和自己的同时，帮助我们顺利地解决问题。

所以，当我们与别人发生小冲突，或是遇到紧急情况的时候，不妨急中生智地幽默一下，这样，紧张的气氛自然就消失得无影无踪了。只要我们善用幽默，掌握幽默的技巧，就可以在面对紧急情况时，游刃有余了。

Part B

关键对话
——在不同场合,说动不同的人

Part B

关键时刻
日本语怎么说，怎么说不得罪人——

第七章

社交话语权
——暖场不冷场,把话说到心坎里

在社交场合,想要吸引别人的注意力,并且迅速地拉近彼此的距离,是需要技巧的。你会说话,就会很轻松、愉快地与他人交谈;可如果你不会说话,那么只能尴尬地聊几句。所以,我们要学会用巧妙的语言来暖场,把话说到对方心坎里。

说好开场白，让陌生人一见如故

有些人能够和陌生人一见如故，不管是什么样的人，他们总是能迅速地和对方拉近距离，所以这些人的社交范围非常广泛，办起事情来自然也是顺风顺水。

可是有些人就不一样了。他们不知道如何和陌生人沟通，时常是一段生硬的自我介绍后就不知道说什么了，然后就这样尴尬地站在那里。显然，这样的沟通是很难成功的，因为尴尬的开场白很难拉近彼此之间的距离，更别提什么一见如故、畅所欲言了。正是因为如此，这些人的人际交往才会如登陡山，在生活中他们也是处处碰壁。

我们说这样的话，绝不是危言耸听，但凡有生活阅历的人都深有体会。在与人沟通的过程中，如果不能说好开场白，那么沟通就会流于表面，距离感就会越来越强，从而使得对方产生排斥的情绪。

那么，如何才能说好开场白，并且让自己与陌生人产生一见如故的感觉呢？其实，这也并不是什么异常困难的事情，首先我们应该消除陌生感，把自己放在对方熟人的位置上。和对方攀关系，就是拉近彼此距离、消除陌生感的好方法。

一般来说，两个陌生人之间，如果仔细进行一番调查，都会找到一些关系，比如朋友的朋友、同乡关系、校友关系等。如果与对方见面前我们能够多花些工夫，那么就会攀上一些关系，从而大大地缩短双方的心理距离。

三国时期，鲁肃就是攀关系的高手。孙刘联盟之时，鲁肃担负了维护两方关系的重任。为了更快地拉近自己与诸葛亮之间的距离，他一见到诸葛亮就熟络地说："我是你哥哥诸葛瑾的好朋友。"这句话一下子就消除了陌生感，让彼此之间的交流更加顺利，从而最终促进了孙权与刘备两方的联盟。

除了攀关系之外，我们的话题还可以放在与对方有关的东西上，比如兴趣爱好、职业身份、举止动作等。只要我们的开场白能够引起对方的注意，并且是对方熟知的东西，那么谈话就会越来越深入，共同点也会越来越多。而这就需要我们认真地观察了。

被人誉为"销售权威"的霍依拉很善于与客户打好关系，一见面就能得到对方的喜爱。有一次，为了拉广告，他拜访了一位百货公司的总经理。事先，他了解到这位经理有开飞机的经历，并且以此为傲。当他看见总经理办公室有飞机模型的时候，立即说道："听说您竟然会开飞机，我觉得这可真是不简单的事情啊！您实在是太厉害了！"

随后，他就兴致勃勃地谈论起了开飞机的事情，而这位经理也显得非常兴奋，和他谈了一个多小时。最后，霍依拉自然成功地拉到了广告。

另外，恰如其分的赞美也是非常好的开场白，能够迅速拉近与陌生人之间的距离，让双方一见如故。因为初次见面的互相称赞，自古以来就是中国人待人接物的传统礼仪。古时人们都会说："久仰久仰！"

比如，见到了事业有成的人，我们可以说："很高兴见到您，上次我听人讲过您的创业经历……"

而见到著名的作家，我们可以说："我很喜欢您的作品，并且从中受益匪浅。今天可以一睹您的风采，真是太荣幸了。"

即便是普通的人，我们也可以说："我对于××职业非常好奇/感兴趣，您能介绍一下自己的职业吗？""我从小就想从事这个职业，真羡慕您！"

不过，初次见面的赞美或是恭维应该是恰如其分的，过分的赞美恐怕会起到适得其反的作用。

只要我们学会说话的技巧，说好开场白，那么即便是三言两语也可以获得对方的喜爱。当然，除了掌握说话的技巧之外，还要把握好说话的语气和氛围，这也是非常重要的。如此一来，我们才能在不知不觉中把话说到对方的心坎里，并且让对方感到愉悦，从而对我们有一见如故的感觉。

说话要诚恳,但不能太直白

生活中,总是有这样一群人,他们说话一根筋,明知道一开口就会得罪人,伤害别人的感情或是自尊心,却还是直言不讳。如果你劝诫他要委婉一些,他反而理直气壮地说:"说话就要诚恳,直来直去有什么不好?这说明我真诚,心里不藏事儿。"

其实,说话太直接,未必能够达到顺畅沟通并且赢得别人喜爱的效果。相反,可能还会招来别人的反感,甚至得罪对方。这是因为很多事情确实是不能说得太直白的,很多话也不能直截了当地说出来。

比如,拒绝别人的话,如果说得太直接,就会招来别人的嫉恨;批评的话,如果说得太直接,就很难让对方接受;而指出对方的错误或是不当之处的话,如果说得太直接,就会让对方丢了颜面,既伤害了对方的自尊,又显得自己太苛刻。

因此,与人沟通的时候,我们要抱有诚恳的态度,但是不能太过于直来直往。不妨学着把话说得婉转些,用旁敲侧击的方式引导他人。这样一来,我们的话往往比直接说出来更具有效果,同时还能赢得对方的尊重和欢迎。

在一家餐馆里，一位正在用餐的客人大声喊道："服务员，你过来！这究竟是怎么回事？"

只见一位服务员走了过来，微笑着问道："先生，请问您有什么问题吗？"

客人怒气冲冲地说："你看看，你们的牛奶已经变质了。我的柠檬红茶也因此被糟蹋了！"

服务员笑着说："非常抱歉，我可以帮您换一杯新的牛奶。您觉得这样可以吗？"客人勉强答应了这个要求。很快，服务员就把新的红茶和牛奶端了上来，她轻轻地把柠檬和牛奶分开摆放，然后轻声地说："先生，我之前忘了告诉您，您那杯牛奶误放入了一些柠檬，所以才出现之前的那种情况。因为柠檬和牛奶是不能放在一起的，否则就会使得牛奶结块。真是非常抱歉！我现在把柠檬和牛奶分开了，您继续享用吧！"

这位顾客听了之后，脸马上就变红了。他知道了之前并不是餐馆里的牛奶变质了，而是自己把柠檬放进了牛奶里。于是，他没再说什么话，匆匆喝完红茶就走了。

这时候，其他服务员对她说："明明是他什么都不懂，你为什么不直接和他说，还要向他道歉呢？这样没有礼貌的人，你就应该直截了当地指出他的错误，让他在大庭广众下丢脸。"

而这位服务员笑着说："这位客人的态度确实有些粗鲁，但是他并不是故意的，所以我才要用委婉的方式来提醒他。否则，他丢了颜面，对我也没有任何好处。"没想到，之后，这位顾客竟然成了这家店的老顾客，因为他觉得这位服务员不仅服务周到，还善于维护客人的尊严。

故事中的服务员是非常聪明的，她在面对顾客的刁难时，并没有直接说出客户所犯的错误，而是委婉地告诉顾客事情的真相。正是因为她善于委婉地说话，为顾客的利益着想，所以才赢得了客人的喜爱和尊重。而如果她直接说："是你自己不知道牛奶和柠檬不能放在一起，犯了愚蠢的错误，怎么能怪我们呢？"或是指责顾客无理取闹，那么顾客就会因丢了颜面而恼羞成怒。如此一来，一场冲突就难以避免了。

是啊，委婉地说话，或是旁敲侧击地表达自己的观点，是一种高超的沟通技巧，更是一个人情商和修养的体现。很多时候，即便你说的话再有道理、再诚恳，可一旦说得太直白了，就会激起人们的反感，导致沟通无法进行下去，交谈也就不欢而散了。

所以，能否把话说到别人心坎里，关键不仅在于你是否诚恳，还在于你会不会说话，会不会为别人着想。那些标榜"直率""不要心眼"的人，其实只是用这个借口来掩饰自己情商低与不善于沟通而已。那些善于沟通的人，说话诚恳，不会伤害别人，不会说话太直白。因为他们知道，什么样的话会引起别人的不快，什么样的话能够让人听着舒服。

正因为如此，我们如果想要把话说到他人的心坎里，就应该换一种说话方式，把话说得委婉些，避免太过直白。说话之前，应该先问问自己："我真的有必要直截了当吗？是不是可以换一种说法？"当你这样做了之后，说出的话不会伤害到别人，自然就会赢得别人的喜欢了。

注重细节，让别人感受到你的用心

在与人沟通的过程中，我们不仅要注意自己的话术，更应该主动关心对方的情绪，理解对方的感受，并把对方的情绪和感受作为交流中关注的重点。

事实上，很多时候我们需要关注一些细节，才能让别人感受到我们的用心，并且打动别人的心。比如，那些善于沟通的人常把"我们"挂在嘴边，他们说"我们"的次数要比"我""你"多很多。例如，当他们向别人提建议的时候，通常会说"我们是不是应该这样做……"，而不是说"你应该这样做……"；当他们鼓励他人的时候，通常会说"我们要加油啊"，而不是说"你应该加把劲了"。

细节的差别关系到沟通的技巧，关系到说出的话是否让人爱听，是否能打动人心。多说"我们"会让人产生认同感，拉近彼此之间的心理距离，同时还可以让对方觉得你是从他的角度出发的，从而产生团结和友好的意识。而如果一个人一个劲地说"我"和"你"，就会给人以自我为中心、标榜自我的坏印象，从而把自己和他人隔离开，让他人产生陌生感和疏离感。

简单来说，如果只说"我"或是"你"，那么即便言辞再诚恳，再慷慨激昂，也很难引起别人的共鸣。而如果巧妙地说"我们"，那么就会赢得对方的心，把对方拉到自己的阵营中来。

不妨看看这个故事。

一家工厂陷入了困境，很快就要倒闭了，于是员工们都消极怠工，连本职工作都不好好做了。这时，老板花了很大的力气才拿到一个订单，如果能够快速地完成这个订单，那么工厂就有起死回生的可能。

为了调动大家的积极性，老板召开了全员大会。他站在高台上，注视着所有的员工，然后平静地说："大家都知道，我们工厂遇到了困难，面临着倒闭的危机。但是，今天我在这里告诉大家，我们肯定能渡过这个难关，因为我们拿到了一个大订单，它绝对可以让我们扭亏为盈。

"不过，我也和大家交个底。我们厂已经没有多少资金了，大部分资金都用于购买原料了。这样一来，我们就会有三个月的时间拿不到工资，只能拿到基本的生活补助。如果大家能坚持下来，一起克服困难，那么我们就可以打一个漂亮的翻身仗，年底还可以拿年终奖；可如果我们不能坚持下来，工厂恐怕就要关门大吉了，大家也要开始费心地找工作。"

说完这些，这位老板看着员工们，然后大声说道："我们的工厂究竟会有怎么样的命运，全在于大家的选择。那么大家的决定是什么呢？是选择一起拼搏，还是糊弄着过日子，或者是选择寻找新的工作呢？"

听了老板的话，工人们安静了一会儿，随后纷纷表示愿意留下来，并且为渡过难关而积极努力。结果，不到三个月的时间，员工们就超额完成了任务，促使工厂终于渡过了难关，并发展得越来越好。

显然，这位老板在与员工们的沟通中，抓到了调动对方积极性和热情的重点。他一直说"我们"，并且强调工厂是大家的，需要大家的共同努力才能渡过难关。就是这一个细节，让员工们的心理产生了巨大的变化，员工们开始转变消极怠工的态度，开始变得积极努力起来。

事实上，老板的这一做法等于把全部员工拉到自己的"战壕"中，让他们觉得所有人都是一个整体，并且让员工们成为自己人。而这种自己人效应会让对方产生归属感，从而和说话者站在同一立场上，心往一处想，劲往一处使。

所以，在与人沟通的时候，我们不仅要锻炼自己的口才，更要注意一些细节上的问题，尽量多说"我们"，少说"我""你"。

氛围好了，沟通就事半功倍了

在办公室里，有了工作的氛围，员工的工作效率会更高；在会议室里，有了开会的氛围，与会者更愿意积极讨论……同样的，在人际交往中，与别人沟通时也要讲究氛围。氛围好了，彼此的沟通就会轻松愉快，从而更有利于消除双方的戒备心理，促进沟通的顺利进行；而如果氛围不好，那么彼此的沟通就会困难重重，甚至会导致剑拔弩张，让沟通无法进行下去。

事实上，即使你的口才再好，沟通技巧再高明，可是如果没有营造良好的沟通氛围，导致沟通对象有着较强的戒备心，或是抱有抵触情绪，那么，沟通也只能是事倍功半，无法达到高效沟通的目的。

舒畅是一名口才极好的推销员，凭借着良好的口才赢得了很多客户，并且连续几年都是公司的最佳员工。可是，有一次，她却因为自己的一个失误，损失了一大笔生意，还得罪了一个客户。

那一次，她与客户约好在一家茶馆见面，这里地理位置非常好，而且环境非常幽雅，非常适合谈话。刚开始的时候，舒畅和客户谈得非常好，客户对她的产品也非常感兴趣，并且表现出了可以立即签约的意向。

这时，为了表示自己的心意，舒畅给客户点了一壶上好的龙井。结果，服务员在上茶的时候，不小心烫到了舒畅。舒畅立即就表示了自己的不满，还愤怒地找来了茶馆经理，甚至还因此和对方争吵了起来。而这一争吵则把舒畅之前营造出来的良好氛围给打破了。

客户见舒畅为了一点小事就这样得理不饶人，便把之前对她的好印象都推翻了，觉得她并不是值得合作的人。此后，等舒畅再次与客户交谈的时候，客户已经重新竖起了心防，不再愿意和她沟通了。结果，还没等舒畅说几句话，客户就借口说有急事离开了。

事后，舒畅多次想要和这位客户沟通，但是都吃了闭门羹。直到后来，她才明白过来，是自己的斤斤计较破坏了之前良好的沟通氛围，以至于失去了那么重要的客户。

其实，舒畅之前所营造的良好氛围主要是靠环境衬托出来的，因为环境的突变——舒畅和茶馆经理的争吵，她与客户之间的谈话氛围也受到了影响。

当然，从很大程度上来说，谈话氛围的变化是指谈话双方之间的气氛变化。比如某人一时失言，导致原本轻松、愉快的氛围变得尴尬起来，或是变得剑拔弩张起来；再比如某人一句幽默的话，使得原本陌生、紧张的氛围变得轻松、愉快起来。而氛围不同，沟通的效果也会不同。前者的氛围变化，会让沟通变得困难起来；而后者则让沟通变得事半功倍。

所以，如果我们想要与人进行高效的沟通，迅速拉近与他们的心理距离，就应该好好地营造沟通的氛围。那么，如何才能营造良好的沟通氛围呢？

1.注意自己的态度，给予对方尊重和赞美

首先，我们应该注意自己的态度和行为，尊重对方，并且用积极的身体语言告诉对方，你对他的话题感兴趣；或是适时地赞美对方，让对方感觉到自己的重要性，让对方感觉放松和舒畅。

2.注意说话的技巧

我们还要注意语言的技巧，尽量避免说出让人感到不舒服的话。在与人交谈的时候，尽量不要使用诘问，比如："你为什么这么固执？""价格高？到底哪里高了？"尽量不要逼迫对方同意你的观点。不要太咄咄逼人，把对方逼得无话可说……

总之，我们想要营造良好的氛围，就应该注意使用积极、正面的言语，避免使用消极、负面的言语，同时注意调动对方的情绪。只要氛围好了，就会达到事半功倍的效果，沟通会因此更顺畅、和谐。

叫出对方的名字,走进他的内心

在生活中,如果我们能够记住他人的名字,并且亲切地叫出来,就会轻易地吸引他人的注意,赢得他人的好感。这是因为姓名是一个人的标签,出于自尊和自重感,人们总是希望别人能够尊重它、记住它。而这也是人们对于自己的名字非常重视的原因。

而在社交沟通中,如果我们能够第一次见面就记住对方的名字,并且准确地叫出来,那么对方的内心就会感到惊喜,并升起一股暖意。恐怕用不了几分钟,你和对方就会产生一见如故的感觉,并且很快成为无话不说的朋友。

一位美国学者曾经说过:"一种既简单又重要的获得好感的方法,就是牢记别人的姓名,并且在下一次见面时喊出他的姓名。"

一个小故事就足以说明人们对于自己名字的重视,同时也能说明记住别人名字的重要性。

一位著名的推销员想要拜访一位顾客,但是这位顾客的名字非常难念,叫作尼古德·玛斯帕·帕都拉斯。为了记住这个名字,这位推销员整整记了一个多小时。他们见面后，当推销员说"您好，尼古德·玛斯帕·帕都拉斯先生，很荣幸见到您"时，这位顾客简直惊呆了。

过了几分钟，这位顾客才情绪激动地说："先生，我在这个国家生活了十五年，从来没有一个人尝试着用我真正的名字来称呼我。因为我的名字太难念了，所以人们都习惯叫我'尼克'，而我也习惯了这个称呼。今天我真的非常感谢你能记住我的名字。你让我感受到了前所未有的被尊重。"

结果，这位推销员自然达到了自己的目的，向这位顾客成功地推销了自己的产品。

所以，记住并准确地叫出别人的名字，在人际交往中是非常重要的。这说明你重视他、尊重他，同时更体现了你的礼貌和修养。如此一来，对方怎么能不对你产生好感，并且愿意与你沟通呢？

但是事实上，很多人忽略了记住并叫出别人名字的重要性，并且认为记不住别人的名字不会给自己的沟通带来多大影响。还有一些人认为，记不住别人的名字没有什么大不了的，因为我们并不熟悉，只要下次再问就好了。可是如果你总是记不住别人的名字，又怎么能奢望别人对你有好感，并愿意和你交流呢？你总是记不住别人的名字，又怎么能奢望别人愿意帮你做事呢？

要知道，记住别人的名字，并且准确地叫出，是尊重一个人的开始，更是我们与人良好地沟通的关键。只有清楚地记得对方的名字，才能让别人对你刮目相看，从而使自己得到别人的喜爱和尊重，并且由此获得良好的人际关系。

不妨再看看这个小故事：周礼开了一家酒吧，虽然没办法和那些地理位置好、装修豪华的大酒吧相比，但是生意非常红火，而且光顾的大部分都是老顾客。

一天，一位老顾客带着朋友来玩，朋友到了之后，不解地问道："这里的条件并不是很好，为什么生意这么红火？你为什么总是喜欢到这里来呢？我觉得还没有我之前去的那里好玩。"

老顾客笑着说："这你就不明白了。这里的很多顾客并不是冲着环境来的，而是冲着这里的老板来的。这里的老板非常有意思，他可以记住每位顾客的名字，只要见过一次面，就能准确地叫出顾客的名字。"

朋友有些不相信，这时周礼笑着走了过来，对着老顾客说："嗨！顾明，你今天带着朋友来玩啊！我请你们喝一杯！"说完，周礼为他们点了一杯啤酒，并且亲自递上一张别致的名片，然后让工作人员登记了新顾客的名字，说下次来的时候可以享受九折优惠。随后，周礼和他们寒暄了几句，然后去招待其他客人了。

朋友还是不相信周礼能记住每个人的名字。那位老顾客笑着说："要不，你过段时间再来试试？"过了半个月后，朋友再次来到这家酒吧，谁知周礼一见到他就叫出了他的名字，并且还问顾明怎么没来。这下，朋友终于信服了，并且对这位老板产生了好感和敬佩之情。

不管是真的记忆力超群，还是采取了特殊的方法，总之周礼总是能够记住并叫出每个人的名字，并热情地打招呼。也正是因为如此，大家都喜欢来他的酒吧。因为在这里他们可以感觉到被尊重、被重视，还有一种宾至如归感。以后只要是想喝酒，他们首先想到的一定是这家酒吧。

所以，记住并叫出别人的名字，对于沟通实在是太重要了。它是我们成功沟通的开始，更是我们走进他人内心的关键。如果你想要高效沟通，并且打动他人，那么就从记住别人的名字开始吧！

找到共同点，就不会无话可说了

不管是在什么场合，每个人都想高效沟通，并且让别人对自己产生好感。可是，这有很大的困难，因为人们在性格上存在差异，身份、地位有所不同，语言特点也是千差万别。尤其是陌生人之间，就更难高效沟通了。

所以，我们时常会遇到这样的情况：在公众场合，有人想与陌生人交谈，却不知道怎么开口；有些人对他人有好感，想与其交朋友，却感到无从启齿；有的人想与他人沟通，却只能生硬地打招呼，之后就只能局促地站在那里，不知所措……

这是因为这些人空有交谈的意愿，却没有高效沟通的技巧。其实，想要顺利地与人交谈并且给人留下良好的印象，是一件很简单的事情，只要我们能够找到彼此的共同点就可以了。只要我们能够快速、有效地挖掘出与他人的共同点，那么就可以找到交谈的话题，并且轻松地让谈话走上正轨。

或许有人会说："我对于陌生人或是不熟悉的人并不了解，怎么知道有没有共同点？又怎么能快速地找到共同点呢？"

其实，这个共同点是非常容易找的。它可以是人与人之间的共同的兴趣爱好，也可以是职业、家乡、朋友、遭遇，还可以是天气、籍贯、衣着等方面。只要我们的话题既不涉及隐私，又不会引起对方的反感，那么这样的话题就可以使我们得到意想不到的效果和收获。

而现实生活中，很多人就通过寻找和利用彼此的共同点，迅速地让陌生人对自己产生了好感，并且实现了高效沟通。

冯瑞是一个刚毕业的年轻人，毕业不久就独自到上海找工作，想要闯出一番属于自己的天地。在高铁上，他感觉有些无聊，于是便想找人聊一聊。看到邻座是一个与自己年龄相仿的年轻人，冯瑞便客气地说："你好！我坐到上海，你也去上海吗？"

年轻人说："是的！我准备去上海找工作，你呢？"

冯瑞立即激动地说："我也一样！我刚大学毕业，想到上海去闯荡一番。不过，上海的工作肯定不好找。尤其是像我这样刚毕业的大学生，没有什么工作经验，肯定是要处处碰壁的。你也是刚刚毕业吗？"

年轻人说："是的。"之后，两个共同到上海打拼的年轻人就热络地聊了起来，从彼此的专业、学校到想找什么样的工作，从找工作的不易到目前的就业形势，等等。之后，两人还对比分析了各自专业的优势、劣势，应该找什么样的工作，应该怎么投递简历，等等。

很快，高铁就到了上海站，但是谈得非常投机的两人却产生了不舍得分离的感觉。于是，他们互相留了电话号码，并且相约有时间多聚聚。后来，两人成了无话不说的好朋友。

两个年纪相仿的年轻人本来就有很多共同点，而冯瑞则从两人要去的目的地和要做的事情出发，迅速找到了共同话题。这使得两人之间的陌生感迅速消除，形成了轻松、愉悦的谈话氛围。经过交谈之后，两人不断找到彼此的共同点，并且还把话题延伸至其他方面，所以交谈才变得越来越投机。

表面上来看，冯瑞与这个年轻人的友情是偶然建立的，但是实际上，这与冯瑞的谈话技巧是分不开的。一方面，冯瑞的先开口给这次交流创造了机会；另一方面，冯瑞善于挖掘两人的共同点，去上海、找工作、找工作的难处、年轻人的拼搏等，这些都让他们有了一见如故、相见恨晚的感觉。

而这就是我们消除与陌生人的距离感，解决与人沟通困难的问题的关键。所以，不管在什么场合，我们都应该善于观察，挖掘出与谈话者的共同点。当然了，也可以通过以话试探、听人介绍、探索揣摩等方法来找到彼此的共同点。

只要我们可以针对不同的人，灵活地采取不同的方式，大胆开口，那么与陌生人无话可讲的局面自然就可以被轻松地打破，并且也可以拉近彼此之间的距离。

第八章

职场话语权
——就算你再厉害，不说出来也白搭

职场中，沟通尤为重要。高效沟通可以让你从万千人群中脱颖而出，赢得面试官的青睐和信任；高效沟通可以让你获得同事、上司的喜爱，建立良好的人际关系。当然，高效沟通也可以让你尽情地展现自己的才华，拥有更好的职业生涯。所以，作为职场人士，你绝不可忽视这些沟通技巧。

三秒钟，让面试官对你印象深刻

生活在现代社会，每个人都需要工作，或是为了养家糊口，或是为了实现自我价值。而只要你想要找工作，就必须面对面试官，必须学会把自己推销出去。

可很多刚毕业的大学生，由于缺乏经验，或是过于紧张，时常会在面试中表现得慌乱、不知所措，以至于给面试官留下了不好的印象。正是因为如此，很多能力突出、学历不错的人无法获得良好的工作机会，以至于与大好前途失之交臂。

事实上，面试并不是很难的事情，给面试官留下深刻的印象也并不是什么太难的事情。只要求职者能够巧妙地利用语言魅力，体现自己的特点和创意，那么就会给面试官留下相当深刻的印象。

我们知道，在面试的时候，求职者要进行自我介绍。可面试官每天要面试上百个求职者，如果你只是简单地说出姓名、专业、工作经验，那么根本无法给面试官留下什么特别的印象。但是，如果你能有特色地介绍自己的名字，并且进行有趣的解析，那么就会让别人一听就记住。

有一位名叫顾特梦的女孩子，毕业于某外国语大学，她的自我介绍就别出心裁。在应聘某企业的时候，她说："面试官好，我的名字叫顾特梦。大家一定觉得我这个名字非常奇特，其实，我名字中的顾特不是复姓，而是因为我爸爸也是学英语的，所以就取了good（好的）的谐音，希望我以后的人生越来越好。"

这时，一位面试官笑着说："看来你刚出生就和英语有了密切的联系，怪不得上了外国语大学。"显然，这位求职者的自我介绍给面试官留下了深刻的印象，再加上她能力不错，所以顺利地通过了面试。

看吧，同样是自我介绍，如果能够加些创意和有趣的内容，那么就会给面试官带来新鲜感，从而加深他们对于求职者的印象。所以，求职者不要只是呆板地介绍自己，也不要过于一板一眼地回答面试官的问题。面试官问每个求职者的问题都大体相似，如果求职者的回答再相似的话，那么面试官就会变得越来越烦躁。如此一来，求职者怎么能给面试官留下深刻的印象？

不妨在回答问题时，增加一些小幽默，这样或许就更能打动面试官了。李捷的幽默回答就让在场的面试官眼前一亮。

当时，面试官问她："你为什么要选择做教师？"

李捷心想：如果我回答因为教师是个神圣的职业，那么就太俗套了；可要是回答因为喜欢孩子，又显得没有创意。

于是，她想了想，回答说："小时候，我的理想是做伟人的妻子。可长大之后才发现，这个理想恐怕无法实现了。所以，我改变了主意，决定成为伟人的老师。"

李捷的话不仅幽默诙谐，还显示了她的志向和对于职业的尊重。所以，这一番话，让现场的面试官情不自禁地笑了起来，而她也被顺利地录取了。所以说，合适的小幽默、小创意不仅可以打动面试官，给他们留下深刻的印象，还可以体现求职者的语言表达能力和反应能力。

总之，在面试的时候，如何给面试官留下深刻的印象是非常重要的。正如一位哲人所说的："你创造第一印象的机会永远只有一次！"所以，每一个求职者都应该锻炼自己说话的能力，轻轻松松地把话说得更有趣、更动听。

能说会道，巧妙回答面试官提出的难题

在求职的过程中，很多新人都不知道如何应答面试官丢过来的难题。尤其是那些刁钻的面试官，他们总是喜欢给求职者出难题、设陷阱，不动声色地让求职者处于"不利"的局面中。

其实，这些面试官的目的并不是为难你，而是看你是否有灵活的应变能力，是否能够巧妙地回答这些难题，从而让自己轻松地脱离困境。如果求职者能说会道，恰当而又机警地回答了这些问题，那么就会赢得面试官的青睐。可如果求职者吞吞吐吐、摇摆不定，那么在面试官心中的形象就会大打折扣，从而失去大好机会。

生活中有很多这样的例子。求职者各方面条件都不错，能力也被面试官看好，可就是因为一个不当的回答，让大好的工作机会与自己擦身而过。李晓就是如此。

李晓毕业于某知名大学，具有学历上的优势，同时，她的能力也非常强，是这一届的优秀毕业生。当某著名企业在上海举办招聘会时，她信心满满地参加了考试。

经过初试、复试的选拔，李晓的成绩名列前茅，受到了考官的青

睐。所以,她认为这工作自己是唾手可得了。可是,就在最后一轮面试时,她因为没有很好地回答面试官的问题而遭到了淘汰。

其实,面试官的问题很简单:"请问你有男朋友了吗?"

李晓此时已经完全放松下来,并且觉得这个问题和自己的工作能力没有太大的关系,便随口回答说:"是的,我有男朋友了。"

面试官又问:"你们是一个学校的吗?"

李晓想也没想,便说:"不是,他在北京上大学。"

面试官再次问道:"那他的工作情况怎么样?"

其实,这时候李晓就应该警惕了,面试官绝不是在和自己闲聊,而是看她是否有长期在上海工作的可能。但是,李晓并没有意识到这个问题,她如实回答说:"他已经找到了不错的工作,在一家著名的设计公司。"

面试官思考了一阵,再次问道:"那么,你们异地恋也挺辛苦的,是否有考虑到同一个城市发展?"

李晓说:"这个问题,我没有考虑过。"

这时,面试官没有继续问下去,而是客气地说:"嗯,我们的面试就到这里,你回去等通知吧!"

李晓原以为自己肯定能够得到这个工作,可是一个星期过去了,她仍没有得到答复。于是,她联系了该公司的人事部门,这时候才知道,原来那个岗位的员工已经到岗了,而自己被淘汰了。

为什么李晓会失败呢?其实,这与她对面试官问题的回答有很大的关系。李晓的学历和能力都无可挑剔,但是异地恋很容易让人分神,面试官担心她无法把全部精力放在工作上。而且李晓只是刚毕业的大学生，她男朋友却已经在北京有了稳定的工作，这就让面试官担心她无法在公司稳定下来，不久后就会到北京去找她的男朋友。

更何况，李晓还没有考虑过"是否到同一个城市发展"的问题，这更增添了不确定性。毕竟，没有企业愿意聘用一个随时可能辞职的员工。

或许李晓并不一定会离开上海，但是她的回答却让自己的不确定性暴露无遗，以至于失去了大好的机会。事实上，如果李晓能够运用说话技巧，巧妙地回答面试官的问题，那么就会获得好的结果。李晓应该让面试官知道，虽然自己和男朋友异地恋，但是自己不会因为恋爱而耽误工作；她更应该让面试官知道，自己找这份工作并不是暂时性的，而是经过深思熟虑的，更是为了自己的职业发展。这样一来，面试官的顾虑就会少很多，而她获得工作的机会就会大很多。

面试官会提出各种各样的问题，然而并不是所有的问题都是为了为难求职者。只要求职者能够给出精彩的回应，巧妙地回答或是回避面试官的提问，那么就会赢得面试官的赞赏。

比如很多面试官会让求职者谈谈个人的情况，尽管从简历和谈话中，他们已经基本了解了你的情况。这时候，他们想看的其实是你的口才和反应能力。而回答这一类问题，求职者在述说自己优点和缺点的同时，必须强调一点：我的个人情况完全不会影响工作，甚至还会对工作有所帮助。如此，你的成功率才能大增。

所以，当面对面试官的问题时，求职者大可不必烦恼，更不要如履薄冰。只要我们巧妙地回答问题，那么就可以顺利地获得自己想要的工作。

张开嘴巴,把自己推销出去

现在就业压力越来越大,各大招聘会往往被求职者挤得水泄不通。面对这样的情况,有的人可以轻松地找到合适的工作,在职场上混得如鱼得水;可有的人却处处碰壁,面试了很多家公司,也没有找到合适的工作。

究其原因,就是这些人推销自己的能力不同。其实,求职的过程就是推销自己的过程。如果你能巧妙地推销自己,让对方看到你的价值和优势,并且给对方留下良好而又深刻的印象,那么求职就会变成一件非常简单的事情。可如果你不善于推销自己,不敢表现自己,说话又结结巴巴,没有逻辑性,半天讲不出自己的优势和能力,只是一味地说"我会好好干""我有能力",那么,又怎么能获得面试官的青睐呢?

可以说,绝大多数善于推销自己的人,都可以在面试中取胜,并且在职场上有所发展。这并不是在夸张,而是确实存在的事实。因为他们懂得如何展示自己的优势,如何让别人看到自己的优势。

李毅是一名没有工作经验的大学毕业生,在面试的时候,遭到了一家公司的拒绝。该公司老板认为,李毅这个刚刚毕业的大学生并不适合做那个岗位的工作。

李毅眼看着面试就要失败了,便灵机一动说:"您的意思是,贵公司人才济济,足以让企业在市场上立于不败之地。即便别人有再大的能力,也没有必要聘用了。您是不是认为我这样的年轻人只会给公司添乱,根本没有什么经验和能力?可是您听说过经验并不等于能力吗?"

老板听了李毅的话,毫不在意地说:"听你的意思,你非常有能力?如果我们公司失去了你,就会有很大的损失?既然如此,你可以谈谈自己的特长和想法,我倒是想看看你具有什么样的价值?"

李毅觉得老板已经被自己吸引了,便客气地说:"对不起!我刚才太冲动了,但是没有冒犯的意思。我还可以继续说下去吗?"

老板笑着说:"当然,你可以畅所欲言,说出自己的想法和见解。"

于是,李毅便开始滔滔不绝了起来。他说:"每个人都有自己的才华和能力,而且年轻人更具有可塑性。只要头脑灵活,或许就可以在日后的工作中担当大任。我毕业于名牌大学,这不仅仅是代表着我的学历,更代表了我的能力。而且我还在某著名企业实习过,做过几次不错的宣传活动,相信您可能听说过……"

说完,李毅就把自己曾经做过的方案和相关报道递了过去。随后他还说:"我非常善于交际。在大学期间曾担任过学生会宣传部部长,组织过数十次大小活动……"

听着李毅自信地展示自己的才能,这位老板终于赞赏地点了点头,然后真诚地说:"我之前确实存在偏见,认为你初出茅庐,根本没有什么能力和经验。现在看来,你确实是个不错的人才。当然,并不是因为你的学历,而是因为你的口才可以让我留下来听你介绍自己、展现自己。我们公司就是缺少你这样自信而又善于沟通的人才。"

结果,李毅顺利地进入了这家公司,并且赢得了老板的器重。

事实上,如果李毅没有大胆地推销自己,恐怕就无法转变这位老板的看法,更无法顺利地获得这份工作了。

因此,所有求职者都应该张开嘴巴,大胆地推销自己。当然了,推销自己并不是炫耀和自夸,而是适时地展示自己的才能,告诉他人:我最大的优势、特色在哪里,我具备什么样的专业技术、知识,我能为公司带来些什么……

戴尔·卡耐基曾经说过:"不要怕推销自己,只要你认为自己有才华,你就应该认为自己有资格担任这个职务。"只要你有能力、有才华,就应该发挥语言的魅力,更好地推销自己。求职成功也就是理所应当的事情了。

当然,推销自己并不是容易的事情,很多时候,求职者会遭受对方的拒绝。在这样的情况下,我们应该有不怕失败的韧劲,更不要因为顾及面子而羞于表现自己。否则,你与成功永远都无缘。

相信很多人都听过一个故事。

一个大学应届毕业生到一家知名机械制造公司应聘。他先是客气地问道:"请问你们需要一个好的技术员吗?"招聘者冷漠地说:"不需要!"

但是这个大学生并没有放弃,而是继续问道:"那么,一个好的工人呢?"

他得到的回答还是:"不需要!"

大学生还是不放弃:"那么门卫呢?"

这时,他引起了招聘者的注意,不过对方还是无奈地说:"不需要。"

令人没有想到的是,这位大学生拿出了一个用硬纸做的牌子,上面写着"暂不招人",说道:"那么,你们一定需要这个牌子,这样一来就不会有像我这样的求职者来打扰了。"

招聘者被他的话逗笑了,仔细地打量他,然后问道:"没想到你的口才还不错,而且有韧劲和创造力。我们需要销售人员,你想要尝试一下吗?"

大学生听了之后,立即高兴地答应了。

如果这个大学生一遭到拒绝就放弃了,扭头就走,那么他也就失去了这次机会。庆幸的是,他没有被拒绝吓倒,而是锲而不舍地展示了自己的口才、幽默和韧劲,并且用这些打动了招聘者,成功推销了自己。

所以说,在职场上,只要你张开了嘴巴,把自己推销出去,你的求职之路就成功了一半。而如果你能发挥自己的智慧和口才,巧妙地介绍自己,那么你的求职就会取得成功。

与上司打交道,说话需谨慎

人在职场,无时无刻不和上司打交道。有的上司比较严厉,喜欢板着脸和下属沟通,这样一来,下属自然就不敢和上司随意开玩笑。而有的上司则为人随和,喜欢和下属称兄道弟,也喜欢和下属开开玩笑,聊聊天,以此来拉近和下属之间的距离。

但是作为下属,不管你的上司平时多么平易近人,对你多么器重有加,在与上司说话的时候,你都应该注意说话的分寸,谨慎有加。更不要认为喝完一顿酒之后就能够和上司勾肩搭背,畅所欲言。如果你真的这样做了,那么吃亏的将是你自己。

这是因为与上司的沟通是一种自下而上的沟通,双方的身份、地位都存在着很大的差异。一旦你说出了不合适的话,就会引起上司的不满,甚至还会因此耽误大好前途。杨修才高八斗,为什么会落得个身首异处的下场?用今天职场上的话来说,就是他没有掌握好和上司说话的分寸,处处显示自己的聪明,拆上司的台,所以最终惹怒了曹操。

现实生活中则更是如此。吴丽丽是一个聪明活泼的女孩,平时也比较招人喜爱。毕业后,她来到一家房地产公司做策划,上司本来就是随和的人,看吴丽丽乖巧可爱、谦虚好学,便对她青睐有加。上司经常和她一起吃饭、聊天,还时常在工作上关照她。因此,吴丽丽也非常喜欢这位上司,简直就把她当成了自己的大姐姐。

可最近,吴丽丽却发现上司越来越疏远自己了,而且还时不时严厉地批评自己。这让吴丽丽感到非常不解,不知道自己到底做错了什么。于是,她便去请教工作多年的表姐。

表姐问道:"你有没有得罪上司,或在言辞上有什么不敬?"

吴丽丽连忙说:"上司对我非常好,我怎么会得罪她呢?更不能说不敬的话啊!"

表姐又问:"那你想一想,最近有什么特别的事情?你上司是从什么时候开始疏远你的?"

吴丽丽想了想,突然想起了一件事情,说:"难道是因为我开的玩笑吗?"

表姐立即紧张地说:"你和上司开玩笑?究竟是怎么回事?"

于是吴丽丽就说出了事情的经过。

那天下班之后,上司约吴丽丽出去逛街,想为之后的同学聚会买几件新衣服。当上司选好一条连衣裙时,服务员都说好看、有气质,上司也露出非常满意的神情。可吴丽丽却大声说:"哎呀,头儿!你可不要听她们胡说,这条裙子确实很漂亮,不过却显得你的腰比较粗。"

听到这话,上司的脸一下就红了,尴尬地换下了衣服。可是,上司知道吴丽丽并没有恶意,所以也没有说什么,对她的态度也没有什么改变。

　　而经过了第二次事件之后,上司对她的态度就发生了明显的变化。那一次,她们部门成功地与一个大客户签了约,上司带着吴丽丽一起参加了签约仪式。当上司签完名之后,客户连连称赞上司的字写得特别气派、飘逸。可谁知吴丽丽这时却开玩笑地说:"当然气派了!我们头儿可是苦练了好几个月,才练成了这么好的字。"

　　按理说,如果吴丽丽就此打住,那么这样的话也不过是对上司的恭维,并不会引起上司的不满。可是她却在后面加了这么一句:"要是您看了我们头儿之前的字,就不会这么夸奖了。"结果,惹得上司和客户都很尴尬,而吴丽丽仍然没有意识到自己的问题。

　　听了吴丽丽的话,表姐无奈地说:"丽丽,你是不是傻啊!怎么能老和上司开玩笑呢?而且还不顾场合乱开玩笑。在客户面前,你能和上司开玩笑吗?"

　　吴丽丽委屈地说:"可是平时我们关系非常好啊!她就像是大姐姐一样照顾我,还时常和我开玩笑呢!"

　　表姐笑着说:"说你傻,你还狡辩!这能一样吗?她是上司,而你是下属,身份上存在着区别。很多时候,她可以开玩笑,但是你不能。而且你应该把握好与上司之间的距离,不要觉得对方随和,你就能随意乱说话,不注意自己的言行。"

　　听到这里,吴丽丽才知道是自己没有谨慎说话害了自己。

　　没错,怎样与上司说话,既是一种技巧,也是一门艺术。作为下属,一定要与上司保持一定的距离,千万不要因为上司随和就没了自己的分寸,说出了不该说的话。比如上司可以随意和你开玩笑,但是你不能随意和上司开玩笑。尤其是那些冒犯上司,让上司难堪的玩笑。

同时,不管上司是严厉还是随和,和上司说话的时候,最好不要驳斥上司的观点。即便你的意见正确,也应该注意说话的态度和语气,尽量做到委婉、客气。否则,不仅会损害上司的权威,还不利于你的职场发展。

可以说,懂职场话术的人,总是能够比不懂的人走得更远。所以,与上司打交道,我们应该谨慎小心,清楚什么话该说,什么话不该说;什么话能说,什么话不能说。只有这样,我们才能在职场上立于不败之地,并且赢得更好的人缘。

拒绝上司的话，应该这样说出口

作为职场人士，很多人都面临着这样的困扰：不知道如何拒绝上司。

对于上司要求加班、出差，或是托付的某件难事，直接拒绝吧，怕惹恼和得罪了上司，影响自己在职场上的发展，可是不拒绝吧，自己又觉得委屈。

其实，拒绝上司并没有什么困难的，拒绝的话也没有什么不好说出口的。只要你掌握好说话的技巧，那么就可以轻松地解决这个问题。

比如当上司交给你一件事情的时候，你一定要先考虑这件事情是否在自己的能力范围内。如果你发现自己确实没有这样的能力，就一定要果断拒绝。当然，如果你直接说自己做不了，那么上司就会觉得你是在推诿。这时，你不妨说一些类似的事情，用简单的语言，让上司知道这件事情的难度，如此一来，上司就会体会你的苦衷和难处，从而接受你的拒绝。

不妨看看小小年纪的甘罗是如何巧妙地拒绝秦王的。

甘罗的爷爷是秦国的宰相。有一天，爷爷在花园里走来走去，还连连唉声叹气，于是，甘罗就问爷爷遇到了什么事情。

爷爷说："孩子，大王不知道听了谁的话，竟然非要吃公鸡下的蛋，还命令所有大臣想办法去寻找。如果在三天内找不到的话，满朝文武都会受到惩罚。"

甘罗气呼呼地说："这大王真是太不讲理了！公鸡怎么能下蛋呢？"突然，他想到了一个主意，便说道："爷爷，您别着急。我想到了一个办法，一定可以让大王放弃这个要求。"

于是，等期限到了的时候，甘罗就来到了朝堂上，不慌不忙地向秦王施礼。

秦王非常愤怒，呵斥道："你这个小孩子怎么能到朝堂上捣乱？你爷爷呢？"

甘罗认真地说："大王，我爷爷今天不能上朝了。他正在家里生孩子呢，所以让我来向大王请罪。"

秦王更生气了，说道："你这孩子，竟然在这里胡言乱语！男人怎么能生孩子呢？"

甘罗笑着说："既然大王知道男人不能生孩子，那为什么非要我爷爷去寻找公鸡下的蛋呢？"

听了这话，秦王哈哈大笑起来，然后便收起了之前的命令，还直夸甘罗聪明。

甘罗真的是非常聪明。因为他知道如果直接拒绝秦王，不执行命令，那么就会惹怒秦王，给爷爷和其他大臣们招来祸端。所以他巧妙地用"男人生孩子"做类比，让秦王知道"寻找公鸡下的蛋"这件事情是根本不能实现的。也正因为如此,秦王才认识到自己的错误,收回了命令。

可以说,绝大部分上司都是讲道理的。如果我们能够巧妙地利用语言,有理有据地说出拒绝的话,那么一定能赢得上司的理解和宽容。除了运用类比的方式,我们还可以多引用名人名言、俗语等来说服上司。因为这些名人名言或俗语既可以增加话语的权威性与可信度,还能增加话语的生动性与感染力。这样的话语,要比普通的话语更能说服上司。

东汉时期,宋弘就利用这样的方式拒绝了光武帝刘秀的提亲。

光武帝的姐姐湖阳公主,在丈夫去世后,看中了品貌兼优的宋弘,于是便让皇帝帮忙提亲。这一天,光武帝召见了宋弘,婉转地表达了想法,并且试探地说:"人们常说,一个人的地位高了,就会换掉自己的朋友;一个人富贵了,就会换掉自己的妻子。你觉得,这是人之常情吗?"

宋弘早就知道光武帝的意图,也明白湖阳公主的心思。但是,他认为不能辜负了贫贱相依的妻子,因为这是有违道德和品行的。可直接拒绝的话,又会有损皇帝和公主的颜面,有冒犯龙颜的危险。

在这两难之时,他选择了用古语来表示自己拒绝的态度,他说:"陛下,臣下还听说'贫贱之交不可忘,糟糠之妻不下堂'。我认为,这才是真正的人之常情!"

听了这句话,光武帝就知道了宋弘的态度,觉得他是个有情有义的忠臣,自然也就没有提及湖阳公主的婚事。

其实，一次拒绝根本不是什么大事。只要我们巧妙地运用语言，不让上司尴尬，并且说出自己拒绝的理由，那么必然可以获得上司的理解。毕竟，即便是在职场上，每个人都有拒绝的权利，都有独立的人格。

更何况，如果你当时因为怕得罪上司，不敢说出拒绝的话，硬着头皮接受自己无能为力的事情，那么一旦把事情办砸了，反而更会招来上司的不快。

所以，应对上司的种种要求，我们一定要认真考虑和分析，能做到的就一定努力做到，如果做不到或是由于某种原因无法做到，那么就一定要果断地拒绝。只要我们巧妙地拒绝，不仅不会得罪上司，反而会受到上司的喜爱。

同事之间,说话留三分

初进职场,每个年轻人都充满了激情和干劲,都想更多地表现自己。这样的想法无可厚非,因为只有表现自己才能让他人看到自己的长处,为自己争取更多的机会。但是,我们一定要注意自己的言行,事情要多做,话却要尽量少说。

尤其是和同事相处,说话一定要注意分寸,千万不要由着性子乱来。因为你一旦说了不该说的话,即便是无心的,也会招来同事的反感,甚至还会影响你在职场上的发展和人缘。

比如,和同事发生冲突的时候,千万不要因为冲动而说出类似这样的话:"就是你的错,你真是太愚蠢了!"这样的话只能让你得罪更多人,让自己处于不利的位置。

再比如,在与同事谈话的时候,如果发现对方的错误,应该委婉地说出来,不能当众指出。否则,同事不仅不会感激你,还会抱怨或嫉恨你。因为你的话让他在别人面前丢了颜面。

可以说,职场上,我们应该注意说话的分寸和尺度,提醒自己不要把话说得太绝，也不要说不该说的话。只有说话留三分，给自己和别人都留有余地，才能进退自如。

你不要不信这个道理。相信看了下面的故事，你就会有所感悟了。

某家公司招聘了一批新员工，张喆就是其中一员。老板专门为新员工开了欢迎会。

会上，张喆和几名同事被分到同一个小组，由一名三十几岁的老员工带领和指导。为了让大家互相熟悉，老员工对自己的组员进行点名，并且让大家介绍一下自己。当这位老员工点到"张吉"时，全场一片寂静，没有人应答。老员工随即又点了一遍，并且高声说："张吉在不在？大家可都等着你进行自我介绍呢！你可不能因为害羞而窝在一边啊！"

听了这话，大家都笑了起来。而张喆这才意识到，老员工说的可能是自己。于是她站了起来，说："师傅，您是在叫我吗？"老员工笑着说："不叫你叫谁？你不是叫张吉吗？"

谁知张喆立即郑重地说："师傅，我叫张喆，那个字是'喆'，跟'哲理'的'哲'同音，不是'吉'。您什么文化啊，怎么连这两个字都分不清？"

听到这些话，老员工的脸立即变得通红，只能尴尬地站在那里，不知道说什么好。而其他员工也尴尬地坐在那里，现场一片寂静。

这时，幸亏人事部门的员工小马站了出来，拿过了名单看了看，抱歉地说："张师傅，不好意思！这是我的问题，我一时疏忽，把名单写错了。我回去就写检讨，您不要太怪罪我。"

老员工明白小马是在为自己解围，便毫不在乎地说："算了，没关系！你以后认真一点就可以了！"于是，老员工继续点名，而现场也恢复了轻松的气氛。

可这个意外却对张喆有不小的影响。因为在这之后她觉得自己在小组的人缘并不怎么好，大家好像都不愿意和自己交往。那位老员工虽然没有给自己穿小鞋，但是明显不如对别人那般亲切、热情。

过了好久之后，张喆才知道这其中的原因：因为她说话太直，使得老员工丢了面子，所以大家都觉得她不会为人处世，不愿意和她相处。张喆很是后悔，却也有些无可奈何。

就是张喆不懂得说话留三分的道理，让那位老员工在众人面前丢了面子，才导致了她在职场上寸步难行。试想，如果张喆在意识到那位老员工念错字之时，不是直截了当地指出来，而是将错就错地站起来，然后把纠正的行为放在私下进行，就不会有那样的结局了。

俗话说，话到嘴边留三分。我们说话之前应该懂得掂量话语的轻重，知道什么话该说，什么话不该说，什么话应该坦言，什么话应该留三分。只有做到了说话留余地，才能给自己和别人留余地。这不仅是说话的技巧，还是对他人和自己的尊重。

第九章

销售话语权

——销售拼的其实是情商

销售人员的魅力,主要体现在说服力上。而想要让自己的话语更具有说服力,我们就必须提高自己的情商。比如从客户的角度出发,投其所好;再比如用热情、真情来打动客户……

投其所好，引发深入交谈的兴趣

戴尔·卡耐基有句名言："我喜欢吃草莓，鱼喜欢吃蚯蚓。所以，垂钓的时候，我不以草莓而以蚯蚓为鱼饵。"

这句话非常适用于与人的沟通，意思是说，不管是和谁沟通，我们都应该弄清楚对方的需求，了解对方的兴趣。只有从对方的需求和兴趣出发，投其所好，才能为我们的谈话营造出轻松和谐的氛围，并且顺利地实现沟通的目的。

在销售中，投其所好更是十分重要的。如果你能做到这一点，那么就会迅速赢得客户的好感，并轻松地拿下一笔订单。

其实，投其所好真的非常简单，就像卡耐基所说的，鱼儿喜欢吃蚯蚓，所以他就给它吃蚯蚓。我们应该站在对方的立场上思考问题，尽量从客户的需求和兴趣出发，谈论他们最感兴趣、最熟悉、最骄傲的事情。这不仅是出于尊重和礼貌，还是沟通技巧上的问题。

美国保险推销员库尔曼曾经是美国薪水极高的推销员之一。在二十五年的推销生涯中，他成功地推销出了约四万份寿险，平均每天就有约五份。而他成功的秘诀就是：投其所好，满足客户的需要，并且说客户想听的话，引发客户深入交谈的兴趣。

库尔曼遇到过很多难缠的客户，而一家工厂的老板罗斯先生就是其中之一。罗斯先生的工作非常忙，性格也比较固执，所以很多推销员都无法成功地把自己的产品推销给他。但是，库尔曼却一次就取得了成功。

这一天，库尔曼来到了罗斯先生的工厂，并且客气地说："您好，罗斯先生。我的名字是乔·库尔曼，是一家保险公司的推销员。"

此时，罗斯先生轻蔑地说："又是一个推销员，今天我这里已经来了十个推销员了。我的工作非常忙，现在没有时间听你说。你赶紧离开这里吧！"

库尔曼没有离开，而是快速地说："请您给我十分钟时间，我很快就能介绍完自己的产品。"

罗斯先生不耐烦地说："我没有时间听你介绍，而且我对保险也不感兴趣。你不要再浪费我的时间了。"说完，他就开始埋头工作，不再理库尔曼。

见罗斯先生如此不耐烦，库尔曼便没有说话，开始低头观察放在地板上的产品。然后问道："这些产品都是您公司生产的吗？"

罗斯先生没想到他会问这样的问题，便随意地回答了他："是的。"库尔曼接着问："这些产品真不错！您真的非常有能力，竟然把工厂经营得这么好。您做这一行多长时间了？是怎么开始做这一行的？"

见库尔曼开始谈自己熟悉的产品和工厂，罗斯先生放松了下来。

他说:"我做这个已经有二十二年了,当初只是一个小小的工人……"随后,他开始谈论起自己的经历,包括创业的艰辛、产品的优势、市场情况等。最后,为了介绍自己的产品,他还热情地邀请库尔曼参观自己的工厂。

那一天,库尔曼再也没有提过卖保险的事,却在不久之后成功地拿下了罗斯先生的订单。之后,他们还成了无话不谈的朋友,而罗斯先生以及家人的保险都是从库尔曼那里购买的。

库尔曼为什么会成功地推销出保险,并且和罗斯先生成为要好的朋友呢?因为他懂得投其所好,说客户想听的话。当罗斯先生根本没有买保险的意愿时,他没有选择强行推销,而是选择转换话题,说罗斯先生感兴趣的话题——他的产品、工厂和创业经历。

可以说,投其所好不仅可以让客户心情愉快,还可以让推销员在愉悦的谈话中达到自己的目的。这是与人沟通的最佳选择,更是推销过程中的上策。

所以,在面对客户时,我们不妨了解他们的需求,关注他们的兴趣、爱好,然后找到最佳的话题切入点。等到双方的交谈变得轻松和愉快时,我们的推销就距离成功不远了。

循循善诱，让客户改变态度

很多时候，说服客户并不是一件容易的事情，尤其是那些性格固执、对推销员存在偏见的客户，想要改变他们的态度，就更难上加难了。

那么，我们应该如何说服客户，让他们改变拒绝的态度呢？

喋喋不休的介绍和一次次的推销肯定是行不通的，因为这只能增加对方对你的反感，让推销活动彻底失败。优秀的推销员不会采取这样的方法，因为他们知道，强加自己的思想给对方，只能把对方推得更远。只有采取循循善诱的方法，让对方一步步地认可自己，推销活动才能获得成功。

20世纪30年代，英国一家电气公司的员工亚历山大·泰勒到西部进行视察，了解公司产品在这一地区的销售情况。西部地区的主管和销售人员都陪在他身侧。当他们来到一家养鸡场的时候，销售人员愤愤不平地说："这一地区的所有居民都同意用我们公司的电，只有这一户人家坚决不同意。他们真是太固执了！"

经过了解，泰勒知道这户人家的拒绝并不是因为钱，而是因为不信任自己公司。因为这家人非常富裕,而且养鸡场的设备和照明也需要大量用电,所以,泰勒决定亲自来到这户人家,说服他们使用自己公司的电,并且让当地的推销员看看自己是如何取得客户的信任的。

当他们敲门的时候,一位老妇人前来开门,看到来人之一是曾经前来推销用电的推销员,便板起脸来,猛地关上了大门。

泰勒继续敲门,老妇人很久之后才来开门,并且只开了一道缝隙。她毫不客气地说:"我是不会用你们的电的,你们就不要浪费时间了。"

这时泰勒笑着说:"太太,很抱歉打扰您。我知道您对用电不感兴趣,所以我不是来推销电的,而是想向您买些鸡蛋。"老妇人听见他这样说,便打消了一些顾虑,把门开大了一些。

泰勒继续说:"我看见您喂养的尼克蛋鸡非常好,想买一些新鲜的鸡蛋。因为我太太说,尼克蛋鸡下的鸡蛋非常适合做蛋糕,用这种鸡蛋做出来的蛋糕要比普通的鸡蛋做出来的美味很多。"

听泰勒说完,老妇人终于打开了门,并且从门里走了出来。她说话的态度缓和了很多,主动和泰勒说起了养鸡和鸡蛋的事情,比如什么样的鸡蛋比较新鲜,什么样的鸡蛋适合做蛋糕,怎样养鸡才能提高产蛋量,等等。随后,老妇人带着泰勒去参观了鸡舍,而泰勒看到鸡舍旁边还有牛棚时,便询问道:"这些牛也是您喂养的吗?"老妇人表示,它们是自己的丈夫喂养的。泰勒笑着说:"我敢打赌,您养的鸡肯定比这些牛还要赚钱。"

听了这句话,老妇人简直心花怒放,因为这就是她和丈夫长期争执的事情。丈夫从来不承认她的鸡更赚钱。今天，泰勒给予了她肯定和赞美，所以她感到非常高兴，并且对泰勒产生了好感。

到了鸡舍，泰勒一边参观一边赞扬老妇人，并且指出了鸡舍存在的一些问题。这时候，泰勒趁机提出了关键的问题："您的鸡舍为什么不用电呢？要知道如果能用电照明的话，产蛋量一定会有所提高的。"

老妇人已经完全没有了敌意，温和地问道："用电真的有好处吗？"

泰勒真诚地说："现在您使用的煤油灯虽然可以达到照明的效果，但是光线比较暗，还一闪一闪的。这样会导致鸡产生烦躁感，不利于提高产蛋量。而如果用电灯，鸡舍的照明就会稳定下来，而鸡的情绪也会稳定下来，从而产更多的蛋。"

这次，泰勒没有推销电，只是买了一些鸡蛋。但是两个星期后，他就收到了老妇人递交的用电申请书。

泰勒之所以能成功说服顽固的老妇人，就是因为他不急于求成，不直接推销，而是采用了循循善诱的方法。他开始以买鸡蛋为借口，让老妇人放下了戒心；又通过赞扬老妇人比丈夫更能赚钱，打开了老妇人的心扉，赢得了她的信任；之后，泰勒开始把话题引到鸡舍、产蛋量、用电之上，一步步地让老妇人明白了用电照明的好处，促使老妇人一点点地接受自己的观点。所以，在这次拜访的过程中，即便他没有推销用电，老妇人也改变了自己的态度，之后便递交了用电申请书。

因此，我们应该明白，当顾客明确地拒绝你之后，一味地推销和说服，只能起到相反的作用，让客户产生反感和敌意。这时，若你仍想要实现自己的目的,就必须改变沟通的方式,采用循循善诱的方式,让对方一点点地改变态度,直到完全接受你。

其实,循循善诱的方式看似简单,考验的却是一个推销员的口才和掌握客户心理的能力。在说话之前,只有经过了深思熟虑,找到合适的话题,才能一步步打开对方的心扉,从而实现自己的目的。

热情最能打动客户的心

有人说,热情是沟通中最有价值的,也是最具有感染力的。这句话说得一点都不错。热情可以拉近人与人之间的距离,让你与对方迅速熟悉起来,并且让你赢得对方的好感。

尤其是在销售中,热情往往是一个推销员与客户成功沟通的关键,更是促使推销成功的前提条件。它可以让客户看到推销员的真诚,并且迅速打动客户的心灵,缩短推销员与客户之间的心理距离。当推销员与客户之间的心理距离拉近了,沟通氛围就会变得轻松、温馨起来,从而有利于销售活动的成功。

因此,在面对客户的时候,我们首先应该让自己充满热情,并且用这份热情来打动客户,再考虑推销自己的产品。

小何是一家百货大楼的销售人员。他的业绩非常突出,也深受顾客的欢迎。这是因为他对待客户非常热情周到,尤其是与客户说话的时候,能让对方感觉到舒适和温暖。

一天,一位女性顾客来到小何的糖果柜台前,非常随意地看着柜台上的产品。小何立即面带笑容地迎了上去，说道："请问您需要买点什么东西？"

这位顾客的心情可能有些不好，冷冷地说："不买东西就不能看看吗？"说完，这位顾客就转过身去，没再理小何。小何并没有表示出不满，笑着说："当然可以，您可以随便看看。我不打扰您了。不过，如果有需要的话，您可以随时找我。"

这位顾客也意识到了自己的态度问题，没再说什么。过了一会，她对小何说："你可以给我介绍一下吗？我想给同事的孩子买一些糖果。"

小何立即上前，一边走一边和颜悦色地对顾客说："您可以看看这边柜台的糖果，它们都是从国外进口的，味道非常不错，很受小朋友的喜欢。您还可以品尝一下……"

说完，小何就带上了一次性手套，为这位顾客精心挑选了一款糖果。这位顾客品尝之后赞不绝口，随后就购买了好几种。等到结账的时候，顾客不好意思地说："刚才我的态度不好，冲你发火了。你千万不要见怪。看你一点都没有不满，还热情地为我服务，我真的非常不好意思。"

小何笑着说："没有关系，谁都有心情不好的时候。不过，我听说心情不好的时候，吃些巧克力、糖果就会让心情变得好起来哦！您可以试一试！"

这位顾客笑着说："你可真会说话。听了你的话，我的心情好多了。你再给我挑一些巧克力吧！我留着自己吃……"

就这样，小何用自己的热情打动了顾客，不仅赢得了顾客的好感，还成功地达到了销售的目的。而事实上,在所有成功销售的案例中,95%都源于推销员的热情和真诚,而只有5%是源于专业知识的介绍。

所以,在面对客户时,热情是非常关键的。我们应当保持适度的热情。此时,即便你没有出色的口才,也能赢得众多客户的好感。可相反的是,即便你口才再好,如果缺少了热情,那么也无法打动客户。

但是,我们也应该知道,这份热情不能太过分了,否则就会引起客户的反感。很多时候,如果客户已经明确地表示对你的产品不感兴趣了,你却还热情地进行推销,那么就会给客户带来过多的心理压力,以致对你的热情产生反感。

一个推销员就因为过分热情,惹恼了一位客户。事情是这样的:一天,一位客户想要买一款新手机,当他刚提出要求时,这位推销员就滔滔不绝地讲述起某一款手机的功能、优势、价格等。

可这位顾客对这款手机并不感兴趣,并表示想再看看其他的款式。然而,推销员并未作罢,反而揪着客户不放,依旧说着:"这款手机真的很适合您,我可以演示给您看看,您看了之后一定会非常满意的。而且,我们今天有优惠……"

推销员的过分热情让这位顾客十分吃不消,最后他生气地说:"我真的对它不感兴趣。我自己看看,可以吗?"说完就走向了别处。其实很多时候,客户只是想了解产品,并非真的想购买。

大多数时候,热情要比冷冰冰好得多,但是过度的热情只能起到相反的作用。所以,在面对客户时,我们需要抱有热情的态度,以便赢得客户的好感,但是热情一定要适度,切不可过分。

用真诚去赢得客户的好感

很多新手推销员都会问一个问题：赢得客户好感，并且与客户建立良好关系的关键是什么？是产品，是话术，还是投其所好？

其实，这些因素的威力都抵不过另一个因素，那就是真诚。当你真诚且耐心地对待客户的时候，即便你的口才不算太好，销售技巧也不算理想，也能得到客户的认同和信任。

但凡接受过销售培训的人，几乎都听过这样一段话："在这个世界上，销售代表靠什么去拨动客户的心弦？有人以思维敏捷、逻辑周密的雄辩使人信服，有人以声情并茂、慷慨激昂的陈词去动人心扉。但是，这些都是形式问题。在任何时间、任何地点，去说服任何人，始终起作用的因素只有一个，那就是真诚。"

在与人沟通的过程中，真诚往往是我们获得对方好感与信任的敲门砖。在销售中，更是如此。可以说，你越是真诚，客户就越信任你，也就越愿意购买你的产品。不管你采取什么样的技巧，只要真心地对待客户，用行动证明自己的诚意，那么客户就会理解你的苦心，并且被你的真诚所打动。

　　张娟是一位新加入公司的推销员。她不懂得什么推销技巧,但是知道只要自己足够真诚,就一定能赢得客户的信任。所以,不管遇到什么样的客户,她都真诚以待,用最好的态度和最大的耐心来为他们服务。

　　一次,她拜访了一位干练成熟的女士。她心想:都是女性,我们应该能够好好沟通吧。可没想到,这位女士却以忙碌为借口拒绝了她,并且毫不留情地下了逐客令。

　　但是张娟并没有放弃。第二天,她早早地来到这位女士的办公室,并且微笑着说:"女士,您昨天说没有时间,所以我今天又过来了。请问,今天您有时间吗?"这位女士没有想到张娟又来了,心想:如果我今天再拒绝她,她就会放弃了吧。

　　于是,这位女士说:"我现在有重要的事情要处理,马上就出门了。你先离开吧!"

　　张娟客气地问道:"您什么时间能回来呢?我可以在这里等候。"

　　女士说:"这不确定。你不要再等了,否则只会耽误你的时间。"

　　张娟说:"没有关系,我可以等您回来。"

　　这位女士觉得如果自己很久不回来的话,张娟肯定就会离开了,而且以后也不会再来了。可是令她没有想到的是,等到她下午两点回到公司的时候,张娟还在办公室门口等候。

　　她吃惊地说:"你怎么还在这里?难道你等了六个小时?"

　　张娟看到这位女士回来了,便立即站起来,微笑着说:"我说要等您回来,不能说话不算数啊!"

这位女士终于被张娟的真诚和耐心打动了。她的脸上终于有了笑容,感慨地说:"我真是佩服你。其实我说忙碌和出去办重要的事情都是拒绝的借口,过去我用这个方法拒绝了很多推销员。他们往往都是很识趣地走了,再也不来了。没想到你竟然这么有耐心,就冲你的诚意,我决定给你一次机会。"

随后,张娟和这位女士来到了办公室,详细地谈了公司的产品,并且很快就签订了协议书。

正所谓:精诚所至,金石为开。很多时候,真诚比其他东西更能打动人。尤其是与人沟通的时候,如果你缺少了诚意,即便你口才再好,再能言善辩,恐怕也无法博得他人的信任和喜爱。而在面对客户的时候,如果你不能拿出自己的真诚,那么就很难为自己赢得更好的机会。

可以说,真诚是赢得客户的第一步。所以,著名的推销员乔·吉拉德才会把真诚作为自己推销的第一准则,并且真诚地对待每一个客户。也正因为如此,他才获得了"世界上最伟大的推销员"的赞誉,在十五年中卖出一万三千零一辆汽车,并荣登"汽车名人堂"。试想,如果他没有真诚之心,仅凭着口才和技巧,又怎么能做出如此伟大的成绩呢?

所以,在面对客户的时候,不要忘了拿出自己的真心和诚意,真正为客户着想,耐心地对待客户,如此一来,你才能获得客户的认可和好感。

拒绝不可怕，想办法化解它

在推销过程中，每个推销员都遭到过拒绝，而且客户拒绝的方式也是多种多样，比如"我不需要这种产品""我没有钱""我现在非常忙""这产品价格太高了"……

事实上，客户的拒绝是非常正常的现象。就像一位著名推销专家所说的："从事推销活动的人可以说是与'拒绝'打交道的人，战胜'拒绝'的人，才是销售成功的人。"推销大师戈德曼也曾说过："推销，从被拒绝开始。"

所以，我们完全没有必要惧怕客户的拒绝，而是应该想办法化解这些拒绝之言。只要我们提升自己的口才和说话技巧，就一定能把拒绝转变为接受，从而达到推销产品的目的。

陈晨是北京一家电脑公司的推销员。他就非常善于化解客户的拒绝。他对同事们说："我的秘诀就是善于对客户说'谢谢'。这个词虽然简单，但是对于化解被客户拒绝的尴尬却具有神奇的魔力。它可以在不知不觉中消除对方的抗拒心理，使客户对你产生好感和信任度，从而达到好的推销效果。"

那么，我们来看看陈晨是怎样巧妙地利用"谢谢"的。

一次，陈晨接待了一位顾客。那位顾客想购买一款普通的笔记本电脑，而陈晨则向他推荐了一款新式的微电脑。他笑着说："先生，相信您已经了解过了，现在比较流行微电脑和新型的文字处理终端，不管是运算速度还是稳定性方面，它都比普通笔记本电脑优越很多。"

这位顾客点了点头，说："我大概知道一些，不过并不是很了解。"

陈晨接着说："那您要不要体验一下？我觉得这款电脑非常适合您，它很有实用价值。"

顾客摇着头说："不用了。我不需要这种新款的电脑，只需要普通的笔记本电脑就可以了。因为这种新款电脑对于我的工作没有任何价值。"

陈晨微微一笑，说道："谢谢您听我说完刚才的话。不过现在年轻人都比较喜欢流行的东西。您应该尝试一下，或许有不一样的体验。"

顾客还是给予了否定的回答，说："我真的不需要这样的产品……"

虽然顾客的回答一直带有否定性，但是陈晨没有着急和不耐烦，依旧用"谢谢您"来回答，并且建议客户尝试一下。

这时，那位顾客已经有些不好意思了，露出尴尬的笑容说："尽管你一直向我道谢，可是我还是想买一款普通的笔记本电脑。"

等顾客把话说完，陈晨就真诚地说："没有关系，其实您不买也没事。我只是想让您体验一下使用新式微电脑的不同感受。真的非常谢谢您，能听我讲那么长的时间。"

听到陈晨这样说，那位顾客的抗拒感已经没有那么强了，便松口说道："要不，我就体验一下吧！反正我也想知道这新技术是怎么样的。"

陈晨依旧是一副笑容可掬的样子，说："谢谢您的体谅。我现在就为您准备好试用机。"结果，这位顾客一下就被新式微电脑吸引了，并且痛快地买下了一台。

看吧，只要你灵活地应对，把握好客户的心理，那么就很容易化解客户的拒绝，实现自己的目的。

事实上，很多时候客户的拒绝都不是非常坚定的。那些说没有兴趣的人，或许只是嫌产品的价格比较贵；那些说没有时间的人，也可能只是因为你的话语没有打动他的心；至于那些说要考虑的人，也只是对产品抱有怀疑的态度，无法下定决心……

善于沟通的人，从来不惧怕对方的拒绝，因为他们知道如何一步步化解他人的拒绝。事实上，只要我们把握好客户的心理，巧妙地应对对方的拒绝，那么就能打消顾客的疑虑，赢得顾客的信任，从而让他们从说"不"到说"是"。

当然，想要做到这一点，我们必须善于察言观色，善于读懂客户的心理需求。当你在与客户沟通的时候，能够投其所好，满足他们的需求，那么他们就没有理由拒绝你了。

以朋友的身份进行交谈，赢得客户信任

推销员说服客户并非一件容易的事情，因为在很多人心中，推销员的目的就是卖出自己的商品。为了达到这样的目的，他们可以刻意讨好、花言巧语，甚至说谎。正是因为抱有这样的想法，很多人不愿意和推销员沟通，更不愿意轻易相信他们。

或许有人会问，那么我们该如何和客户打交道呢？又如何获得客户的信任呢？其实，虽然绝大部分人不愿意和推销员交流，也不愿意信任推销员，但是如果我们能够把对方当成朋友，以朋友的身份真诚地与对方进行交谈，那么就可以打消对方的疑虑，并给对方带来亲切感和熟悉感，从而获得对方的信任。等到赢得对方的信任之后，我们再以坦诚的态度去说服他，推销的成功率就会大大提升了。

日本推销冠军夏目志郎就运用了这样的方法。他不仅成功地实现了自己的目的，还赢得了客户的喜爱和信任。

有一次，夏目志郎前去拜访一位公司的董事长，想要推销自己的产品。而这位董事长是出了名的固执、冷漠、难以说服，所以在沟通

的过程中，不管夏目志郎怎样舌灿莲花、滔滔不绝，他都没有什么积极的反应，更别说购买夏目志郎的产品了。

面对如此顽固的客户，就连夏目志郎这样有经验的推销员都感到有些沮丧了。他稍微停了半刻，思考如何能够让对方打消内心的疑虑，并接受自己。很快，他想到了一个新的办法：既然他那么排斥推销员，那么我为什么不转变一下身份，以朋友的身份来和他谈谈心呢？

想到此，夏目志郎就一改刚才的热情主动，而是非常随意地说："介绍我过来的朋友没有说错，您的个性真的非常固执、任性，而且不好沟通。"说完，他还叹了一口气。听了这话，那位董事长看了他一眼，有些不好意思和难堪。此时，夏目志郎继续说道："其实，我懂一些心理学，并且接触过很多人。在我看来，您虽然看起来冷漠、固执，但是内心却比较柔软。您表面的冷漠其实就是为了掩饰内心的柔软，如此一来您才能维持董事长的威严，管理好整个企业。您说，我说得对吗？"

这位董事长听了夏目志郎的话，愣了一会儿，然后慢慢地说："或许你说得对吧！以前我并不是这么冷漠、固执的人，还比较爱与别人交流。但是现在我必须保持这样的姿态，因为只有这样别人才无法窥测我内心的想法，发现我心底的软弱。否则，我怎么能管理好这么大的企业？

"我在商场上摸爬滚打了几十年，好不容易取得了今天的成绩。正是因为如此，我必须保持着足够的威严和冷漠，来让自己和企业变得更加强大。这么多年来，很多人都说我是不好相处的人，而只有你看穿了我的内心。"

夏目志郎静静地倾听着，然后微笑着说："我能理解您的苦衷。可是，在我看来，这种想法是错误的。或许您可以用这样的伪装来保护自己，但是这样您真的快乐吗？人与人之间的交流需要信任和真心。如果您只是伪装自己，那么即便有人想要靠近你，恐怕也会被您的冷漠、固执吓跑。而且，在商场上，任何合作和生意都是建立在人与人的沟通和交往的基础上的。相信您也感觉到了，您的固执和冷漠已经影响到了您的人际交往，让您感到了些许困扰。"

这位董事长没有想到夏目志郎有这样的见解，更没有想到他会如此真诚地给予自己分析和劝诫。随后，董事长也放下了心防，和夏目志郎真诚地交谈了起来，而且越聊越投机。

正是因为夏目志郎真诚地对董事长说出了自己的想法，让对方感觉到他是在用朋友的身份和自己交谈，所以经过这次交谈之后，夏目志郎不仅顺利地谈成了这笔生意，还和董事长成了莫逆之交。

实际上，推销员与客户之间的关系并不仅仅是买卖的关系、推销与被推销的关系。如果我们只是把自己当成一名推销员，与客户沟通的目的也只是卖出商品，那么就很难获得对方的信任和好感。

想要赢得客户的信任，我们就应该先与客户成为朋友，然后以朋友的身份与其进行交流，真心为对方着想，真诚相待。当你把对方当成朋友的时候，对方也会把你当作朋友来看待，并且不会用排斥和居高临下的姿态对待你。

与此同时，在面对客户的时候，我们要放松姿态，多用友好、随和的口吻进行交流。如此一来，对方才能生出一种亲近感，产生与你交流的欲望。

归根到底，我们要记住一句话：客户就是朋友，要真诚、友好地对待他们。

针对不同客户，采取不同的说服策略

小林是一家电器公司的销售员。有一次，他前去拜访一位客户，刚走到客户的办公室门前，对方就开门出来了。

看到小林，这位客户有些惊讶地说："哎呀，你怎么来了？"

显然，这位客户忘了之前的约定。这时，小林没有直接说"我们之前不是约好了吗？难道您忘了？"。因为他知道，这位客户是一个以自我为中心的人，很难承认自己的失误。如果自己直接说了，恐怕会得罪这位客户，使得交易无法进行下去。

于是，他笑着说："不好意思！我今天正好在附近拜访客户，顺便来看看您。如果您有时间的话，我们可以商谈一下合作的后续问题。"

这位客户说："你下次来的时候，最好和我联系一下。我要出去办急事，不能和你聊了。我们下次再说吧！"

小林不但没有生气，反而微笑着说："看来我来得不是时候，那么您看我明天再来可以吗？我来之前给您打个电话。"

等到第二天见面的时候，这位客户不好意思地说："我今天看了记事本，原来我们昨天是约好的，我竟然完全忘记了。让你白跑了一趟，还受了我的冤枉，真是太抱歉了！"

小林则说："没关系！您是大忙人，时间紧张，我多跑一趟没关系。"

小林知道这位客户的个性和脾气，所以在对方忘记约定的时候，他并没有直接戳穿，也没有说出抱怨之辞，而是把责任都揽到自己的身上。正是因为如此，这位客户对小林的印象更好了，所以非常痛快地就签了合约，而且成了小林的长期合作伙伴。

所以，和客户打交道的时候，我们要保持冷静的头脑，摸清客户属于什么类型，具有什么样的秉性。如此一来，我们才能在与客户交往时做到游刃有余，并且与之进行高效的沟通。

事实上，与客户进行沟通，靠的不仅仅是口才的好坏，还有情商的高低。情商高的人，知道见到什么人说什么话。他会针对不同的客户，采取不同的说服策略。而情商低的人，只会苦练话术，却不知道面对不同的人应该采取不同的说话方式，不知道根据对方的性格特点来选择说话的方法，结果说了不适合的话，得罪了客户还不自知。

那么，我们应该怎样与不同秉性的客户进行沟通呢？如何说话才能赢得他们的信任和喜爱呢？下面介绍几种与不同秉性的客户进行沟通的技巧。

1. 如何面对性情急躁的客户

这样的客户心直口快，心里想什么就会说什么，而且脾气比较急躁。与这样的客户沟通，我们要直来直去，直接说出拜访的目的，千万不能拐弯抹角，更不能吞吞吐吐，否则只能招来对方的反感。

同时，他们可能会在无意间冒犯到我们。这时候，我们要心怀坦荡，不要斤斤计较。事后，等他们知晓我们的真诚之后，便会对我们心存感激，从而更愿意真诚地与我们沟通。

2. 如何面对高傲好胜的客户

这样的客户骄傲、清高、好胜心强，并且有很强的表现欲望。不管做什么事情，他们都习惯发表自己的主张，并且很难接受别人的意见。

与这样的客户沟通，我们要有耐心，多肯定和赞美他们的优点和长处，以便满足他们的自尊心。当他们说话的时候，我们要认真倾听，做个忠实的听众。这样一来，我们才能赢得他们的喜欢，并且使其愿意接受我们的意见。

3. 如何面对慢热的客户

这样的客户在面对陌生人时，很难放下心中的戒备，并且不善于或不愿意表达自己的想法。很多时候，我们滔滔不绝地讲了半天，他们却只回复我们"嗯"或"是的"，让我们根本无法了解他们心里想的是什么。

面对这样的客户，我们不要操之过急，急于要求他们做出决定，而是应该多一些耐心，慢慢取得他们的信任。等到他们完全信任我们之后，就会成为我们最忠实的客户了。

4. 如何面对节俭的客户

销售人员最怕遇到节俭型的客户，因为他们对很多产品都不感兴趣，总认为这是浪费钱的东西。如果我们想要让他们多花些钱，那么他们就会挑三拣四，列出一大堆不想买的理由。

其实,与这样的客户沟通,只要让他们知道我们的产品对他们真的有好处,而且性价比非常高,那么他们就会被说服。

总之,在与客户交往的过程中,我们要根据不同客户的性格和脾气来选择说话的方式。否则,即便你再能言善辩、口才出众,也难免落得一个白费嘴皮子的结果。

第十章

谈判话语权
——绕过语言陷阱,赢得皆大欢喜

谈判是商务合作中常见的方式,也是合作双方智慧的较量。究竟哪一方能够获得最终的胜利,就要看谈判者是否具备高超的沟通能力了。当然,这种沟通能力不仅是指谈判者的口才,还有心理素质、应变能力,以及掌握对方心理和掌控谈判气氛的能力。

谈判,既要有原则,又要不失灵活

不管是商务活动还是日常生活,我们都无法避免就某个问题与人进行谈判。而想要在谈判中说服对方并获得优势,我们不但要准确地表达出自己的观点与见解,而且要避免陷入对方的语言陷阱,有条有理、恰到好处地与对方进行沟通,最终使得双方达成一致。

而想要做到这一步就需要我们掌握高超的沟通技巧了。在谈判的过程中,我们要掌握谈判的技巧,坚持自己的原则和底线。松下集团创始人松下幸之助在创业初期,就因为谈判中没有原则地让步而遭受了很大的损失。

当时,一位名古屋的经销商帮助松下幸之助推销商品,但是觉得他的商品报价太高了,便想把报价压低一些。

松下幸之助想着以诚待人,便轻易地告诉了对方自己的底线,说:"每件商品的成本价是四千一百元,现在我只给你四千七百元,这样的报价已经不高了,再低的话我就没有什么利润可言了。"

可是,经销商却摇着头说:"我们彼此之间并不是很了解,但是我非常想和你合作。然而，这毕竟是我们第一次合作，我不知道你产品的品质，更不知道是否能够打开销路，所以，我最多只能给你四千元。"

松下幸之助无奈地说："这个价钱太低了，连我的成本都不够。这样吧，我给你四千二百元，这是最低的价格了。"然而，经销商还是不满意，频频地摇头。最后，松下幸之助竟然把这批产品以四千一百三十元的价格卖给了这位经销商。然而，事后松下幸之助才发现，这个价格根本就是赔钱的，因为他所获得的利润还不够承担运输费用的。

在谈判的过程中，对于买方来说，谁都希望能以最低的价格买下商品，所以会尽量地压价。但是，对于卖方来说，他们既要尽量抬高价钱，以便获得更大的利润空间，也要避免让对方知道自己的价格底线。

然而，松下幸之助却向对方暴露了自己的底线，还一下就把价格降到了四千二百元，这让经销商看到了继续压价的可能，以及巨大的利润空间。所以，他继续压低价格，想让松下幸之助继续做出让步。这时候，如果松下幸之助能够坚持原则，那么就不会赔得太惨。可是，他又做出了让步，以至于连运费都无法赚回来。

由此可见，谈判中如果没有了原则，就会被对方牵着鼻子走，并且让自己遭受巨大的损失。所以，不管与谁谈判，我们都应该坚持原则，不做无原则的让步。

当然，在谈判时，我们既要讲原则，也应该保持灵活性。如此一来，谈判才不至于陷入僵局，双方才不会由于各不退让而陷入拉锯战。

宝洁公司的谈判代表在与其他公司谈判的时候，就做得非常好。他们总是能够亮出自己的底线和原则，比如："经过综合分析，我们给出的价位已经是最低的了，比我们最初的报价下降了百分之三十，这足以显示我们的诚意。如果贵方再一味地纠缠价格，那么我们之间就不可能达成协议。"这一点就是他们的原则，只要不违背这一原则，他们就可以灵活地与对方进行谈判。

宝洁公司不会提出过分的要求，也不会违背基本的原则。而正是因为如此，相对于其他谈判代表手中厚厚的文件来说，宝洁公司的谈判代表几乎不带什么文件，最多只是几张基本资料。而且他们总是力求谈判的高效，绝不会打拉锯战。简单的寒暄之后，就会立即进入正题，使得谈判既紧凑又有效率。

所以，宝洁公司至今仍保持着世界最快的谈判记录，即只用了七分半钟就与一家大公司达成了协议，而且双方的合作持续了三十年。

我们都知道，谈判的最终目的是达成协议，为自己赢得更多的利益。所以说，在谈判桌上，双方的原则和底线都是不能违背的。但是为了达到双赢的目的，我们要让自己的沟通方式、谈判策略变得灵活一些。

针对不同的谈判者，我们应该做到见什么人说什么话。如果对方是比较文雅的，那么我们也要注意使用文雅的语言，最好是可以做到旁征博引；如果对方是爽快、耿直的，那么我们就尽量用平实准确的语言，不必使用过多的修饰语。

针对不同的谈判氛围，我们也应该做到灵活应对。如果对方太过于咄咄逼人，那么我们就应该巧妙地避其锋芒，等到气氛缓和下来之后，再有礼有节地提出自己的想法。如果对方采取温和的感情攻势，我们则要坚持自己的原则，切不可落入对方的语言陷阱。

而当谈判遇到困难，双方都无法让步的时候，为了突破困境，我们可以灵活一些，运用其他方法缓解紧张的氛围。比如说"我们双方就这么一点分歧，现在却走到这种地步，实在是太可惜了"，或是说"再这样僵持下去，恐怕结果不妙啊！"这样的解围话语，或许就可以产生较好的效果。只要对方有合作的诚意，那么就会理解你的苦心。

总之，在谈判中，我们既要坚持自己的原则，又要采取灵活的方式，以便促进双方的共赢，促使谈判的成功。

巧妙地提问，掌握谈判的主动权

在谈判中，会说是一种能力。它可以帮助我们表达自己的观点，让对方信服。但是，除了善于说服对方，我们还应该学会提问。这也是一种非常有价值的语言技巧。

通过巧妙的提问，我们可以了解对方的想法和意图，获得更多对我们有价值的信息。更为重要的是，提问还可以让我们掌握谈判的节奏，调动现场的氛围。

当然，想做到这一点，我们必须做好充分的准备，提出有技巧性的、合理的，以及让对方感兴趣的问题。若是我们所提的问题对了解对方的信息没有任何用处，又起不到调动气氛的作用，那么提问就没有任何意义了。

所以，我们要掌握提问的技巧，针对不同情况、不同对象来提出不同角度的问题，使谈判得以顺利进行。

一位商人到德国参加一个大型产品展览会，看中了一件非常新奇的电子产品。他认为，如果自己获得了这个产品的销售权，那么肯定可以迅速打开中国市场，赢得丰厚的收益。

随后，他立即找到了产品的制造商，想要达成合作协议。该产品的制造商代表看到来谈判的是一个衣着普通的人，觉得对方没有雄厚的财力，便轻蔑地说："我的产品价格昂贵，而且需要高昂的代理费用，你根本买不起这样的产品。"

这位商人并没有心生不满，而是轻松地说："是吗？没关系，只要价格合理，产品质量优良，我会不惜金钱的。而且，我相信您是有商业道德的人，不会胡乱报价和提价，对不对？"

制造商代表有些吃惊，但不得不点头说："当然，你说得没错！"

于是，商人继续问道："那么，这个产品的价格是多少呢？"

制造商代表只能坦诚相告："最低一百欧元。"

商人假装一副吃惊的样子，高声说道："价格真的不便宜。或许是因为制造它的成本太高了吧！不过，我听说这项技术已经广泛应用于民间了，降低了很多成本，是不是这么回事啊？"

制造商代表没想到商人知晓详情，便窘迫地说："是的，它的技术已经民用了，成本也降低了。如果你想要购买的话，我可以给你适当的优惠。"

商人立即高兴地说："真的吗？那真是太好了！那您觉得七十欧元可以吗？"

制造商代表没有回答，而是思考了起来。商人知道他是在合计，看这样的报价是否合算。过了一会儿，商人又问道："这样的报价，对你我来说都是非常合算的，我想您再也找不到我这么合适的买家了，对吗？"

听了商人的话，制造商代表不禁笑了出来，说道："你真是太精明了！每个问题都让我无法回避。没错，这个报价对你我来说都非常合算。"

就这样，商人以适当的价格，拿到了这款产品的中国代理权。

我们不得不承认，这个商人是这场谈判的主导者。他通过巧妙的提问控制了谈判的节奏。他的提问具有很强的针对性，几乎每次提问都让对方无法回避。所以，短短几句话，他就顺利地拿下了这款产品的中国代理权。

事实上，如果我们能够掌握谈判的技巧，那么就可以轻松地掌握主动权，让谈判向着我们希望的方向发展。只要我们能够做到这一点，就很容易获得谈判成功。

所以，我们应该学会有针对性地提问，把问题引向某一个方向。对方对于你的建议不感兴趣或是犹豫不决的时候，你就应该提出一些引导性问题。比如："你对我们的产品有什么意见？""你愿意买什么样的产品？"这些问题可以引导对方思考，让对方思考我们的产品有什么优、缺点，然后我们可以进一步说服他。

同时，在提问的时候，我们应该考虑问题的合理性，不要提出对方回答不了或是无法接受的问题。否则，只能让谈判变得更加困难。

谈判不是咄咄逼人的硬功夫

在谈判中，经常会看到这样的场景：一方咄咄逼人，气势汹汹，仿佛要把对方彻底击败；而另一方始终处于劣势，没有反驳的余地，也没有表达自己见解的机会。

结果会怎样呢？咄咄逼人的一方一定能获得谈判的胜利？处于劣势的一方就会甘心屈服？当然不是，这样的谈判往往会以失败告终。因为处于劣势的一方即便被逼到了死角，他们的自尊心也不允许他们屈服，反而会在内心产生一种反抗和戒备的意识。

因此，在谈判中，一味穷追猛打、咄咄逼人，并不见得是高超的谈判方式。很多时候，适当退让，采取欲擒故纵的方式，反而更容易达到谈判的目的。

因为这样的方式会把压力甩给对方，让对方在压力下不得不做出让步。不妨看看下面的小楚是怎样谈判的。

小楚年轻有为，经过几年的打拼，终于有能力在所在的这座三线城市买房了。该市的二手房市场比较火热，每平方米平均价格为一万三千多元。他看中了三环内一套九十五平方米的二手二居室。这套房无论是地理位置、格局布置,还是周围生活配套设施都非常不错,让小楚非常满意。

不过,他觉得一百二十五万元的售价还是有些高了,于是在看房子的时候,他的脸上并没有表现出特别满意的神情,而是假装不是非常满意。当中介人员问他是否满意的时候,小楚故意有些迟疑地说:"你还有其他房源吗?我还想再看看!"

中介人员有些不解,问道:"为什么还要再看看呢?这套房子多合适啊!地理位置好,户型和装修也很不错。最重要的是,附近有不错的小学和中学,将来您要是有了孩子,上学多方便啊!"

小楚点了点头,说:"你说得不错。不过我觉得这里的环境还是有些不好,小区没有健全的物业,进出的人员比较杂。而且,这套房子是临街的,晚上肯定能听到汽车的声音,恐怕会影响睡眠。并且有一间房的采光不是太好,窗户有些小,根本无法进来足够的阳光。"

听了小楚的话,中介显然有些急了。他觉得小楚可能是欲擒故纵,想压低价格,于是便想要试探一番。他说:"先生,您说的这些也有道理。但是,这套房子真的非常不错,而且这里的房源也非常紧张,昨天还有一位女士来看过,说非常满意,等和老公商量一下就做决定了。"

小楚并没有着急,而是冷静地说:"那估计那位女士也看出了这房子的几个缺点,要不怎么还要和老公商量呢!我也要考虑一下。"说着,小楚就准备出门了。

中介立即阻止了小楚,开始不停地劝说,说这套房子如何好,如何划算,但小楚还是没有表态。接着,中介说:"要不这样,我和房主商量一下，看他是否愿意将卖价降低一些。您看怎样？"

小楚听了，内心有些激动，但是没有表现出来，说："那你商量一下吧！有消息之后再联系我。"

第二天，中介就联系了小楚，表示房主愿意降低价格，说只要一百二十万就可以成交。可小楚还是有些不满意，对中介说："五万块不算少了，但是对于一套房子来说，降的幅度就有些小了。我觉得，这价钱还是有些高。今天我朋友介绍了一套房子，就在这附近，而且户型、环境都和这里差不多，但是价钱却只有一百一十万。我觉得那套房子更划算！"

中介听完小楚的话，无奈地说："您真是太厉害了！我再和房主商量一下，看是否能够再降低一些。"结果，小楚以一百一十万的价格买下了这套房子，足足省下了十五万元。

小楚之所以能在整个谈判的过程中占据优势，以合理的价格买下这套环境和配套设施都不错的房子，就是因为他懂得欲擒故纵的沟通方式。他虽然对这套房子非常满意，但是没表现出特别满意的样子，还说自己有其他的选择。这样一来，对方的心理就承受了比较大的压力，不得不做出退让。

如果小楚明确表示自己对房子很满意，然后再直接砍价，那么即便他再善于雄辩，再滔滔不绝，恐怕也无法让对方屈服了。

因此，在与对方谈判时，我们没有必要咄咄逼人，更不能表现得过于急躁。不妨运用欲擒故纵的方式，如此一来，我们才能轻松地把控谈判的局面，达到最终目的。

掌握谈判主动权,给对方形成心理震慑力

在谈判中,人们最不愿意看到的事情就是陷入僵局。但是,当我们与对方因为某个问题进行交涉的时候,往往会遇到瓶颈,导致双方针锋相对、互不相让,无法进一步沟通。

面对这样的情况,我们应该怎么做呢?该如何打破僵局呢?

其实,掌握谈判主动权是一种不错的方式。它可以给对方的心理施加压力,从而打开新的局面。

在某次国际商务谈判上,一家企业的谈判代表团就是利用这样的方式,打破了谈判的僵局,并且使谈判获得了新的进展。

这家企业由于开拓国际市场的需要,想要扩大生产规模,采用高效生产设备。他们看中了德国一家公司生产的机器。这款机器属于最新技术的,可以让该企业的生产效率提高百分之二十。

于是,企业老总便聘请了谈判专家前往德国商谈购买机器的事宜。在谈判的过程中,双方因为价格问题产生了分歧,一直从下午争论到晚上,却依旧没有达成共识。于是,双方决定,第二天再进行新一轮

的谈判。

虽然如此，谈判团的专家并没有放松下来，他们知道明天肯定又是一场恶战。如果他们这一方不能取得突破的话，那么谈判将陷入僵局。所以，几位谈判专家连夜商量对策，最终他们想出了一个绝妙的办法。

第二天，谈判刚刚开始，其中一位谈判专家就先发制人，说道："是这样的，我们企业的老总昨天给出了指令，说今天是我们谈判的期限。如果我们还不能和贵方达成协议的话，恐怕就必须打道回府了。由于我们只是企业聘请的谈判团，不具有绝对的权利，所以只能希望今天可以达成协议。而且我们企业还怀疑贵方的诚意，表示想要另寻买家。"

听了谈判专家的话，对方开始有了动摇的迹象。谈判专家接着说："我们非常希望谈判取得成功，因为这对于委托我们的企业、贵方，还有我们自己都是非常有好处的。所以，我们提议双方好好坐下来谈谈，看是否能够找到更好的解决方法。让我们一起珍惜这最后的谈判机会吧！"

其实，这位谈判专家说"期限""另寻买家"等，目的就是给对方压力，迫使他们做出妥协和退让。因为这几位谈判专家知道自己身上的压力非常大。如果谈判不能完成的话，委托企业可能面临着无法扩大规模、进军国际市场的窘迫局面。而一旦市场扩张计划被迫拖延，那么委托企业遭受的损失将不可估量。

庆幸的是，对方也非常想要达成该合作协议，而在谈判专家的先发制人下，他们开始有了一些动摇，并且表示需要考虑一下。见对方已经没有了之前的强硬，谈判专家就开始主动出击，一再强调"这是最后的机会了"，并且一口咬定如果对方不做出让步的话，那么谈判只能是以失败告终。

最后，对方终于妥协了，双方以合理的价格达成了协议。

试想，如果这几位谈判专家没有采取先发制人的技巧，那么这次谈判恐怕就会长久地陷入僵局，最终很有可能不欢而散。由此可见，在谈判中，有时候先发制人的一句话，要比无休止地争论、"拉大锯"要有效得多。

先发制人的技巧，其实说起来非常简单，就是要求我们尽量不要表现出自己的迫切要求，而是应该表现出轻松、随意的样子，把压力转移给对方，让对方觉得如果他不做出妥协，那么我们就会再换一家（实际就是谈判彻底破裂）。

而先发制人不仅仅是沟通的技巧，更是心理学的战术。它考验的不仅是我们的口才，更重要的是我们的心理素质。同时，我们还必须了解对方的真实情况，试探对方的底牌和底线，以此来确定自己的策略和说话方式。

总之，谈判是一个漫长的过程，而遭遇僵局不过是平常的事情。所以，在面对陷入僵局的谈判时，我们一定要提高自己的应变能力与口才，巧妙地运用先发制人的方式来打开局面，获得谈判的主动权。

谈判中，这些话不可轻易说出口

在谈判中，我们要注意说话的技巧和方式，这能够帮助我们掌握主动权，获得谈判的优势和胜利。但是，很多时候，如果不能绕过语言的陷阱，不小心说出了不恰当的话，那么就会使之前的优势顷刻尽失，造成全盘皆输的后果。

不妨看看下面的故事吧！

程雷是一家科技公司的老板，正在与一家技术公司谈判，商讨技术转让的相关事宜。该技术是这家技术公司自主研发的，在国际上具有领先优势，程雷希望能够以合适的价格谈下来。

可是，对方的报价实在是太高了，比程雷预期的要高出一百万元。其实，了解谈判的人都知道，价格是谈判的关键，而且是最容易导致陷入僵持状态的地方。但是程雷太想早些达成协议了。因为他知道越早谈判成功，自己就能越早占领市场，从而获得更大的利润。一旦耽搁了，后期局面恐怕就会出现变数。

于是，当对方表示不能让价的时候，他急躁地说："不行！你们的价格实在太高了！我最高只能出到八百万，否则就不用谈了。"

他的态度惹怒了对方，对方也毫不示弱地说："有你这么谈判的吗？我们是绝不会降价的，要是你不同意，我们就去找别的公司合作。反正我们的技术是最先进的，现在有很多公司抢着和我们合作。"

程雷一听着急了，他没有想到对方的态度竟然这么强硬。他知道，这项技术是非常有价值的，如果错过了这次机会，那么就会造成巨大的损失。所以，他不得不真诚地道歉，并且做出了让步。

一个高超的谈判手绝不会说意气用事的话，说"不谈了""撤出谈判"之类的气话，除非这是事前商量好的策略。否则，只能让谈判彻底破裂，或让自己彻底处于劣势地位。就像程雷一样，不仅没有让对方同意，反而还激怒了对方，以至于让自己吃了大亏。

同时，在谈判的过程中，我们不能只顾着自己的利益，只说有利于自己的话。因为谈判的目的就是通过商谈来寻求共同的利益，使得双方的利益最大化。简单来说，不管是哪一方，我们谈判的目的都是要实现双赢。

如果你只谈自己的利益，却对对方的利益视而不见，那么就会让对方产生反感，导致谈判失败。一家商贸公司的代理商小刘就因为只顾自己的利益，搞砸了本将达成协议的谈判。

在谈判的过程中，双方交流非常愉快，各方面都达成了共识，并且约定第二天签约。就在结束谈判的时候，对方谈判代表客气地说："刘先生，我们公司非常高兴能和您合作，相信这次合作能够给我们双方都带来不错的效益。等到签约之后，我们还希望您能帮我们公司宣传一下！"

小刘随意地答应了一声，然后就兴奋地说："您说，我代理了贵公司的产品之后，每年可以盈利多少？"

对方皱了皱眉头，说："我们在外地的代理商都是有统一定价的，不过可以有一到两元的浮动。这就看您如何定价了。"

小刘立即兴奋地说："没错，既然可以进行浮动定价，那么我可以定高一些，这样一来，我的利润空间就大了。对了，您说帮忙宣传，这一点我还要考虑一下。因为这个地区又不是只有我一个代理商，如果我自己宣传的话，岂不是让其他代理商占了便宜？"

虽然对方对小刘这样斤斤计较的态度有些不满，但是还是耐心地说："这一点您放心，我们每个地区都只有一名代理商，不会出现抢生意的情况。"

小刘听了之后，说："那就好！我考虑考虑吧！如果我有时间的话，一定会帮助你们宣传的。您说，如果宣传的话，我的销售情况会不会更好一些……"

结果，等到第二天，对方竟然取消了签约活动。直到最后，小刘也不知道对方为什么会突然变卦。

但是我们可以看出，其实是因为小刘只考虑自己的利益，却将对方的利益置之不顾。试想，一个只在乎自己利益，却对他人的利益视而不见，不懂得尊重他人的人，又怎么能赢得他人的信任和尊重呢？

当然除了上面两种情况，我们还要注意的是，在谈判中不能过早地亮出自己的底牌和过多地透露自己的真实情况。一旦这样做了，就会使自己在谈判一开始就处于被动的局面，之后只能被别人牵着鼻子走了。

谈判桌上，我们还要小心谨慎，不能轻易地接受别人的要求，不要对某个提议轻易地给出肯定的答案。因为一旦我们表了态，再想要改口、反悔就没有那么容易了。这不仅会让对方觉得我们没有信用，还会影响谈判的结果。

谈判的过程中，双方产生分歧是在所难免的，发生冲突也是正常的事情。但是，即便有分歧和冲突，我们也要控制自己的情绪，千万不要口无遮拦，更不能污言秽语。否则，不仅会得罪对方，还会让我们的声誉受到影响。因为这不仅是对对方的不尊重，更是个人修养不好的体现。

总而言之，我们在谈判中一定要注意自己的言行，千万不要说出不合时宜的话来。只有这样，才能让谈判顺利地进行下去，并且实现高效良好的沟通。